プリント形式のリアル過去問で本番の臨場感！

奈良県

市立

一条高等学校附属中学校

2025年春 受験用

解答集

本書は，実物をなるべくそのままに，プリント形式で年度ごとに収録しています。
問題用紙を教科別に分けて使うことができるので，本番さながらの演習ができます。

■ 収録内容

・解答集（この冊子です）

書籍ＩＤ番号，この問題集の使い方，最新年度実物データ，リアル過去問の活用，解答例と解説，ご使用にあたってのお願い・ご注意，お問い合わせ

・2024（令和６）年度 ～ 2022（令和４）年度　学力検査問題

JN132100

○は収録あり　年度	'24	'23	'22			
■ 問題（適性検査Ⅰ・Ⅱ）※	○	○	○			
■ 解答用紙	○	○	○			
■ 配点	○	○	○			

全分野に解説があります

※サンプル問題も収録（解答用紙・配点はなし）
注）問題文等非掲載：2022年度適性検査Ⅰの一と二

問題文などの非掲載につきまして

著作権上の都合により，本書に収録している過去入試問題の本文や図表の一部を掲載しておりません。ご不便をおかけし，誠に申し訳ございません。

教英出版

■ 書籍ＩＤ番号

入試に役立つダウンロード付録や学校情報などを随時更新して掲載しています。
教英出版ウェブサイトの「ご購入者様のページ」画面で，書籍ＩＤ番号を入力してご利用ください。

書籍ＩＤ番号　104226

（有効期限：2025年9月30日まで）

【入試に役立つダウンロード付録】
「要点のまとめ（国語／算数）」
「課題作文演習」ほか

■ この問題集の使い方

年度ごとにプリント形式で収録しています。針を外して教科ごとに分けて使用します。①片側，②中央のどちらかでとじてありますので，下図を参考に，問題用紙と解答用紙に分けて準備をしましょう（解答用紙がない場合もあります）。

針を外すときは，けがをしないように十分注意してください。また，針を外すと紛失しやすくなりますので気をつけましょう。

① 片側でとじてあるもの

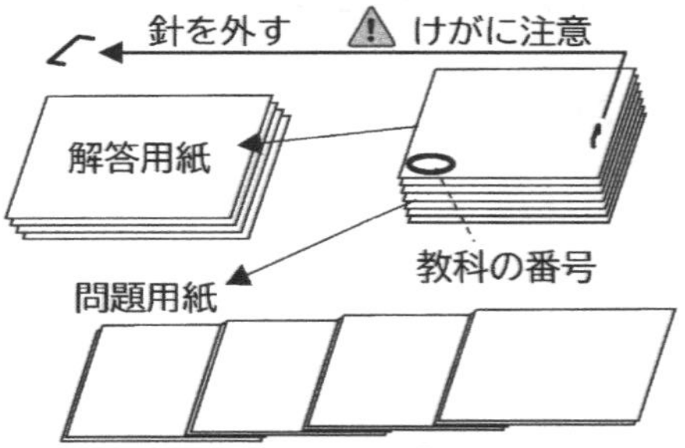

② 中央でとじてあるもの

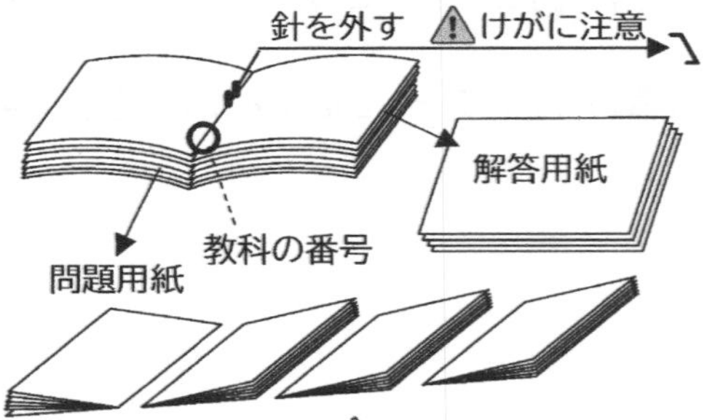

※教科数が上図と異なる場合があります。
解答用紙がない場合や，問題と一体になっている場合があります。
教科の番号は，教科ごとに分けるときの参考にしてください。

■ 最新年度　実物データ

実物をなるべくそのままに編集していますが，収録の都合上，実際の試験問題とは異なる場合があります。実物のサイズ，様式は右表で確認してください。

問題用紙	Ａ３片面プリント
解答用紙	Ａ３片面プリント

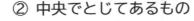

リアル過去問の活用

～リアル過去問なら入試本番で力を発揮することができる～

本番を体験しよう！

問題用紙の形式（縦向き／横向き），問題の配置や余白など，実物に近い紙面構成なので本番の臨場感が味わえます。まずはパラパラとめくって眺めてみてください。「これが志望校の入試問題なんだ！」と思えば入試に向けて気持ちが高まることでしょう。

入試を知ろう！

同じ教科の過去数年分の問題紙面を並べて，見比べてみましょう。

① 問題の量

毎年同じ大問数か，年によって違うのか，また全体の問題量はどのくらいか知っておきましょう。どのくらいのスピードで解けば時間内に終わるのか，大問ひとつにかけられる時間を計算してみましょう。

② 出題分野

よく出題されている分野とそうでない分野を見つけましょう。同じような問題が過去にも出題されていることに気がつくはずです。

③ 出題順序

得意な分野が毎年同じ大問番号で出題されていると分かれば，本番で取りこぼさないように先回りして解答することができるでしょう。

④ 解答方法

記述式か選択式か（マークシートか），見ておきましょう。記述式なら，単位まで書く必要があるかどうか，文字数はどのくらいかなど，細かいところまでチェックしておきましょう。計算過程を書く必要があるかどうかも重要です。

⑤ 問題の難易度

必ず正解したい基本問題，条件や指示の読み間違いといったケアレスミスに気をつけたい問題，後回しにしたほうがいい問題などをチェックしておきましょう。

問題を解こう！

志望校の入試傾向をつかんだら，問題を何度も解いていきましょう。ほかにも問題文の独特な言いまわしや，その学校独自の答え方を発見できることもあるでしょう。オリンピックや環境問題など，話題になった出来事を毎年出題する学校だと分かれば，日頃のニュースの見かたも変わってきます。

こうして志望校の入試傾向を知り対策を立てることこそが，過去問を解く最大の理由なのです。

実力を知ろう！

過去問を解くにあたって，得点はそれほど重要ではありません。大切なのは，志望校の過去問演習を通して，苦手な教科，苦手な分野を知ることです。苦手な教科，分野が分かったら，教科書や参考書に戻って重点的に学習する時間をつくりましょう。今の自分の実力を知れば，入試本番までの勉強の道すじが見えてきます。

試験に慣れよう！

入試では時間配分も重要です。本番で時間が足りなくなってあわてないように，リアル過去問で実戦演習をして，時間配分や出題パターンに慣れておきましょう。教科ごとに気持ちを切り替える練習もしておきましょう。

心を整えよう！

入試は誰でも緊張するものです。入試前日になったら，演習をやり尽くしたリアル過去問の表紙を眺めてみましょう。問題の内容を見る必要はもうありません。どんな形式だったかな？受験番号や氏名はどこに書くのかな？…ほんの少し見ておくだけでも，志望校の入試に向けて心の準備が整うことでしょう。

そして入試本番では，見慣れた問題紙面が緊張した心を落ち着かせてくれるはずです。

※まれに入試形式を変更する学校もありますが，条件はほかの受験生も同じです。心を整えてあせらずに問題に取りかかりましょう。

一条高等学校附属中学校　2024 令和6年度　適性検査Ⅰ

《解答例》

一　問一．Ⓐ過程　Ⓑ実際　問二．ア　問三．エ　問四．イ　問五．㈠a．考える　b．ありきたりの「常識」に飲みこまれない　㈡ウ　問六．A．友達をたくさんつくる　B．丁寧な言葉で話せる力　C．相手を思いやる心

(１字あける)私の友人は多くの友達がいる。その友人は、誰に対しても丁寧な言葉で話すとともに、常に相手を思いやる心を持っている。そのため私もその友人といると温かい気持ちになる。(改行)一条高等学校附属中学校に入学できれば、私も丁寧な言葉で話すこと、相手を思いやることを意識して、多くの友達をつくりたい。

二　問一．㈠a．イ　b．藤原　㈡ア　㈢本居宣長　問二．イ　問三．エ

三　問一．ア，ウ　問二．ユネスコ　問三．中国やインドの技術産品や日本の銀、モルッカ諸島のこしょう
問四．a．隋　b．天皇中心の新しい国づくりをする

《解　説》

一　**問二**　空らん［Ⅰ］の後には，直前に書かれていることの具体例が書かれている。よって，空らん［Ⅰ］には「たとえば」が入る。空らん［Ⅱ］の前には，後に書かれていることの理由が書かれている。よって，空らん［Ⅱ］には「だから」が入る。

問三　──線部①は，直前に「いい換《か》えれば」とあるので，ここより前に書かれていることをまとめて別の言い方をしたものであることがわかる。直前に「活字メディアの場合，読み手が自分のペースで，文章を行ったり来たりしながら～することができるのです」とあるので，エが適する。

問四　８～９行後に「複数の人が集まって考えを出し合うことで，自分では考えつかなかった視点やアイディアに気づくことができるという利点もある」とある。よって，イが適する。

問五㈠a　【文章Ｂ】に「大事なことは，一人で考えることをおろそかにしないことだ」とある。また，【文章Ａ】に「本でなければ得られないものは何か。それは～じっくり考える機会を得ることにある」とある。

㈡　【文章Ａ】の，本でなければ「じっくり考える機会を得」られないという内容や，【文章Ｂ】の「自分の考えを他の人に話すことは～とても役立つ」「大事なことは，一人で考えることをおろそかにしないことだ」などから，ウが適する。

二　**問一㈠**　イ／藤原　　右図の丸で囲んだ部分(色の変わっている部分)が奈良盆地である。飛鳥時代，天武天皇が造営し始めた藤原京は，天武天皇の死後，妻の持統天皇の治世に完成した。碁盤のマス目のように区切られた条坊制の都であった。

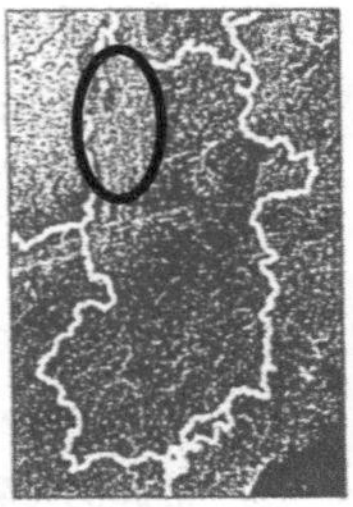

㈡　ア　　大和三山の中では，畝傍山が最も高い山であること，背後の山地との距離などから判断する。イは耳成山，ウは天香久山を見下ろした画像である。

㈢　本居宣長　　仏教や儒教が伝わる前の日本人の精神を明らかにしようとする学問を国学という。国学者として，本居宣長や平田篤胤などが知られている。

問二　イ　　１月の平均気温が低いイとエが東北地方の秋田市と仙台市のどちらかであり，年間の降雪の深さが深いエが日本海側の秋田市であるから，イが宮城県と判断する。アは金沢市，ウは高松市。

問三　エ　　ア．誤り。損傷部分の補修は，近くの市民ではなく管理者(市)が行う。イ．誤り。市民が通報した道路損傷の状況は，まず管理者(市)が確認し，その後サイトの地図に情報が公開される。ウ．誤り。市民からの通報は，電話だけでなくパソコンやスマートフォンからも寄せられる。

三　**問一**　ア．２段落目に，「着物は正確に言えば東アジア共通の衣装《いしょう》なのです」とあり，３段落目に，「しかし違《ちが》っていることもあります。たとえば袴《はかま》や羽織《はおり》です。これらは日本で独自に発明され，付け加えられたと思われます」とある。よって，適する。　ウ．４段落目に，上杉謙信が皮のカルサンを穿《は》いていたことや，その裾《すそ》にボタンがついていたことが書かれている。また，３段落目の内容から，カルサンはズボン系の衣類であることがわかる。よって，適する。

問二　ユネスコ　　UNESCO または国連教育科学文化機関でもよい。

問三　──線部の少し後に，「当時のポルトガルは～中国やインドの技術産品や日本の銀，モルッカ諸島のこしょうを求めてアジアに来ていたのです」とある。

問四　ａ＝隋　ｂ＝天皇中心の新しい国づくりをする　　７世紀は 601 年から 700 年の 100 年間をいう。中国と対等な立場で貿易をし，中国の進んだ文化や制度を学び，天皇中心の中央集権国家をつくるために，小野妹子をはじめとする遣隋使を派遣した。小野妹子が隋の皇帝煬帝に渡した国書には，「日出づる処の天子　書を日没する処の天子にいたす　つつがなきや」などと書かれ，中国の皇帝だけに使う天子という言葉を日本の王が使ったことに，煬帝は激怒したといわれている。

《解答例》

1 問1．48　問2．(1)説明…10枚つづりの乗り物券を1つと，1枚券を8枚買う。／1960　(2)7
問3．(1)18　(2)6分45秒後　問4．12

2 問1．①イ　②ウ　問2．A．◎　B．○　C．○　問3．イ，オ，カ
問4．(1)右図　(2)電池の向きを逆にすると，LEDに電流が流れない。

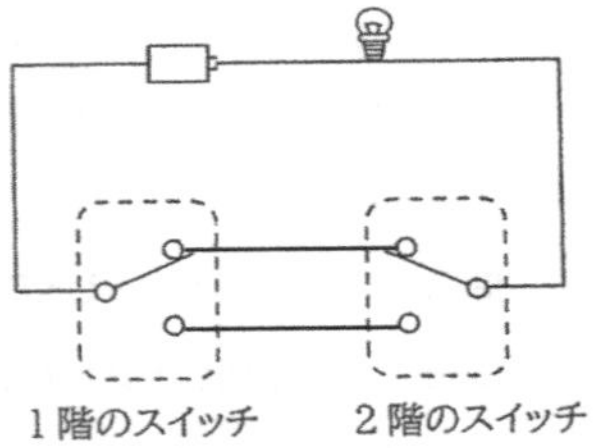

3 問1．クモはねばねばしないタテ糸などを移動するから。　問2．消化
問3．(1)ウ　(2)ア

《解　説》

1 **問1**　9分間で7200m進むので，1分間では7200÷9＝800(m)進み，1時間＝60分では，800×60＝48000(m)進む。48000m＝48kmより，バスの速さは時速48kmである。

問2(1)　ジェットコースター，観覧車，ゴーカート，メリーゴーランドに乗るには，7＋6＋3＋2＝18(枚)の乗り物券が必要である。券の買い方は，(ⅰ)1枚券を18枚，(ⅱ)10枚つづりを2つ，(ⅲ)10枚つづりを1つと1枚券を8枚，(ⅳ)フリーパス，の4通りがある。それぞれの場合にかかる料金は，(ⅰ)では120×18＝2160(円)，(ⅱ)では1000×2＝2000(円)，(ⅲ)では120×8＋1000×1＝1960(円)，(ⅳ)では2200円である。よって，かかる料金が一番安いのは，(ⅲ)の場合の10枚つづりを1つと1枚券を8枚で，かかる料金は1960円である。

(2)　5つの乗り物に必要な乗り物券の枚数の合計は，7＋6＋3＋2＋2＝20(枚)だから，乗らない2つの乗り物の乗り物券の枚数の合計が20－14＝6(枚)以上ならば，その他の3つに乗ることができる。
ジェットコースター＝ジ，観覧車＝観，ゴーカート＝ゴ，メリーゴーランド＝メ，コーヒーカップ＝コとすると，乗らない2つの乗り物の組み合わせは，(ジ，観)，(ジ，ゴ)，(ジ，メ)，(ジ，コ)，(観，ゴ)，(観，メ)，(観，コ)の7通りである。よって，乗ることができる3つの乗り物の組み合わせも7通りである。

問3(1)　ゴンドラは1分で20°動くので，1周＝360°するのにかかる時間は，360÷20＝18(分)である。

問3(2)　ゴンドラは1分で20°動くので，4分30秒＝$4\frac{30}{60}$分＝$\frac{9}{2}$分で，20°×$\frac{9}{2}$＝90°動く。
したがって，さくらさんがゴンドラに乗ったとき，さくらさんは右図のAの位置に，はじめさんはBの位置にいる。2つのゴンドラが同じ高さになるのは，さくらさんがCの位置に，はじめさんがDの位置にいるときである。ゴンドラとゴンドラの間は全部で16か所あり，AからCまではそのうちの6か所分だから，AからCまで進むのにかかる時間は，1周するのにかかる時間の$\frac{6}{16}$＝$\frac{3}{8}$である。

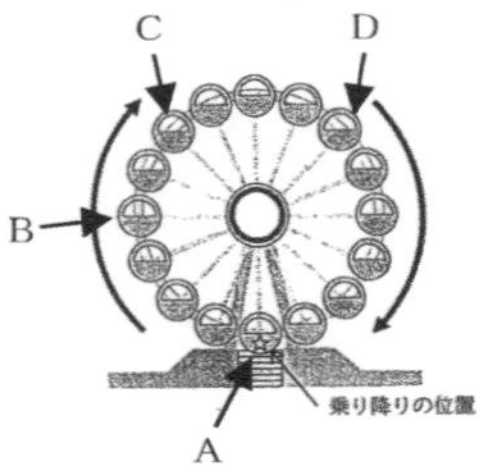

よって，求める時間は，18×$\frac{3}{8}$＝$\frac{27}{4}$＝$6\frac{3}{4}$(分後)→6分($\frac{3}{4}$×60)秒後＝6分45秒後

問4　条件を，表にまとめて考える。右の表より，求める人数は②の人数である。④は，6＋4＝10(人)なので③＝40－10＝30(人)である。また，①は24－6＝18(人)なので，②は30－18＝12(人)である。

	ジェットコースターに乗った	ジェットコースターに乗らない	計
観覧車に乗った	①	②	③
観覧車に乗らない	6	4	④
計	24		40

2　**問１**　検流計の針のふれる向きは，流れる電流の向きによって変わり，検流計の針のふれる大きさは，流れる電流の大きさによって変わる。図１の回路で，検流計の針は右に２ふれた(図２)。　①かん電池の向きは図１と同じで，直列につながれたかん電池が図１より１個多いから，図１より大きい電流が図１と同じ向きに流れる。よって，検流計の針は右に２より大きくふれる。　②かん電池の向きが図１と反対で，かん電池の数が図１と同じだから，図１と同じ大きさの電流が反対向きに流れる。よって，検流計の針は左に２ふれる。

問２　並列につながれた部分は別々に分けて考えることができる。直列につながれたかん電池２個と豆電球１個(A)をつないだ回路と，直列につながれたかん電池２個と豆電球２個(ＢとＣ)をつないだ回路に分けて考える。豆電球１個の回路は，回路②と同じだからＡの明るさは◎となる。また，豆電球２個の回路は，回路④と同じだからＢとＣの明るさはどちらも○となる。

問３　豆電球の明るさが○になるのは，豆電球１個にかん電池１個をつないだときである。例えば，アで「あ」と「い」をつないだとき，「あ－い」と豆電球１個が回路になり，回路の中にかん電池がないので，豆電球はつかない。また，アで「あ」と「え」をつないだとき，「あ－い―かん電池―え」と豆電球１個が回路になり，回路の中にかん電池が１個あるから，豆電球の明るさは○となる。同じように他の回路について考えると，豆電球の明るさは右表のようになる。

豆電球の明るさ

	ア	イ	ウ	エ	オ	カ
「あ」と「い」をつないだとき	×	○	○	◎	○	○
「あ」と「え」をつないだとき	○	○	◎	○	○	○

×…つかない　○…明るい　◎…とても明るい

問４⑵　ＬＥＤは電流の流れる向きが決まっていて，逆向きにつなぐとＬＥＤがつかない。

3　**問３⑴**　グラフより，ヨコ糸を 0.3ｇの力で引っ張ったときの糸がのびた割合は約 150%とわかる。したがって，２㎝のヨコ糸を 0.3ｇの力で引っ張ると２×1.5＝３(㎝)のびるから，ヨコ糸の長さ全体は２＋３＝５(㎝)になる。

⑵　タテ糸とヨコ糸のグラフで，縦軸《じく》，横軸の１めもりの値の大きさが違うことに注意する。タテ糸は約４ｇの力で引っ張ると切れ，ヨコ糸は約 0.5ｇの力で引っ張ると切れるから，タテ糸はヨコ糸より丈夫であると考えられる。また，タテ糸は切れる直前(４ｇの力で引っ張ったとき)の糸がのびた割合は約 38%で，ヨコ糸は切れる直前(0.5ｇの力で引っ張ったとき)の糸がのびた割合は約 200%だから，タテ糸よりヨコ糸の方が小さい力でよくのびることがわかる。

《解答例》

一　問一．Ⓐ熱心　Ⓑ起点　問二．イ　問三．ア　問四．断片的にしかあたえられていない情報をなんとかしてつないで文脈を形成する力　問五．「あて先」は、私であるという身体的実感　問六．え　問七．エ

二　問一．D　問二．ウ　問三．エ→イ→ア→ウ　問四．②312500　③22　問五．イ，エ

三　問一．フランシスコ・ザビエル　問二．イ　問三．オ　問四．ウ

問五．（例文）A．友との旅　B．大変なこと　C．つらいこと

私は５年生の時に友人と自転車で和歌山県まで行ったことがある。奈良市を出て金剛山の手前で足がいたくなり、あきらめたくなった。そんな私を友人ははげましてくれた。ともに声をかけあって、和歌山に着いた時はうれしくて泣いた。

この経験からとても大変なことでも支え合う友人がいればつらくないのだと考えた。

《解　説》

一　**問二**　「短期間」（短－期間）と、イの「高－性能」は、１字＋２字の構成。ア「銀河－系」とウ「運動－場」は、２字＋１字の構成。エの「衣－食－住」は、３字が対等に並んでいる構成。

問四　「コミュニケーション能力」という言葉に着目して探すと、第２段落に「『虫食い』状態で、断片的にしかあたえられていない情報をなんとかしてつないで文脈を形成する力、それが僕《ぼく》は本来のコミュニケーション能力だと思います」とある。

問五　――線部②の直後の内容より、「コンテンツ（話している内容）」がわからなくても、コミュニケーションが成立するのは、相手が「このメッセージのあて先は私だ」ということが理解できているからである。また、５～６行後で、自分がメッセージの「あて先」だということは、「身体的実感としてわかる」と述べている。これらをふまえ、最後の段落で、「コミュニケーションの成立要件は～『これは私あてのメッセージだ』という身体的な直観です」と述べている。

問六　ぬけている一文の最初の「そこ」は、【え】の２行前の「『私があて先である』というこの身体感覚」を指している。「『私があて先である』～身体感覚」が「コミュニケーションの原点」であるため「そこからしかコミュニケーションは始まらない」し、この「身体感覚」が「『自我』という概念《がいねん》の生成の起点」であるため、「（そこからしか）主体も立ち上がらない」と述べている。【え】の前で述べたことと、同じ意味のことをぬけている一文で述べ、強調している。

問七　筆者は第２段落で、コミュニケーションは、「『相手が言っていることがよくわからない』、『話がよく聞き取れない』、『ロジックがうまく辿《たど》れない』」といった「虫食い状態」でなされるのが「常態（普通《ふつう》）」であると述べている。これを言いかえたのが、最後の一文である。この一文の「語の一義性」は、互《たが》いに同じ意味で言葉を理解するということだから、エの「相手の言っていることがよくわかる」と言いかえられる。また、「論理の整合性」と「滑舌《かつぜつ》（発音）の明瞭《めいりょう》さ」は、それぞれ、エの「ロジックを辿れる」、「話が聞き取りやすい」と同じ意味。これらは、「副次的なものにすぎません」と筆者は本文で述べているので、エが適する。　ア．「お互いに理解し合える言語とロジック」は、コミュニケーションの成立に必要なものではないので、適さない。赤ちゃんの例のように、言

語や話の内容がわからなくてもコミュニケーションは成立する。　イ．このようなことは本文に書かれていない。ウ．「『自我』という概念の生成の起点」は、「『私があて先である』という～身体感覚」であり、「親の言葉の『コンテンツ』」が理解できない赤ちゃんでも、わかる感覚なので、適さない。

二　**問一**　D　　A，B，Cは男子があてはまる。歴史的事実を覚えていなくても，【資料１】の人口比率が 1945 年には50%を上回っていることから，この年に大きな変化があったことが読み取れる。

問二　ウ　　20 歳以上の人口の割合を合計すると，7.9＋11.2＋14.5＋12.3＋14.6＋12.3＋9.7＝82.5(%)で，18 歳と 19 歳の人口の割合の和はおよそ $9.2\times\frac{2}{10}=1.84$(%)と考えられるから，満 18 歳以上の男女の人口比率は，82.5＋1.84＝84.34(%)程度になる。

問三　エ→イ→ア→ウ　　エ(大日本帝国憲法の発布　1889 年)→イ(日清戦争・下関条約　1894 年・1895 年)→ア(第一次世界大戦の開始　1914 年)→ウ(太平洋戦争の終結　1945 年)

問四　②312500　③22　　②投票総数は 125000 票，投票率は 40%で，投票率は，(投票総数)÷(有権者数)×100 で求められるから，有権者数は，125000÷0.40＝312500(人)で，当選したW候補の得票数 68750 票は，有権者の 68750÷312500×100＝22(%)の票にあたる。また，投票率と得票率から，0.40×0.55×100＝22(%)としてもよい。

問五　イ，エ　　ア．誤り。津波は，台風ではなく海底で強い地震が起きたときに発生する。ウ．誤り。日本には多くの活動している火山(活火山)がある。オ．誤り。法律を制定するのは国会であり，市町村が制定できるのは条例である。

三　**問一**　――線部④の直前の一文に「球体説を初めて日本で説いたのが～フランシスコ・ザビエルであることは～すでによく知られている」とある。

問二　イ　　楽市…市に納める市場税や営業税を免除すること。楽座…同業者の組合である座の特権を廃止すること。楽市・楽座によって，商人による自由な売買が可能になり，安土城下は活気にあふれたと言われている。

問三　「地球に上下があるのか？」という問いに対するハビアンの答え、「地中が下である。地の上を天とする。また、地の下も天である」より、オが適する。

問四　ウ　　立体的で球体である地球儀は，世界全体の半分しか一度にみることができない。

一条高等学校附属中学校

2023 令和5年度 適性検査Ⅱ

《解答例》

1 問1．6.28　問2．ア 40　イ 2　ウ 4　※問3．19　問4．(1)6　(2)AとCの試合…C　BとDの試合…B
問5．(1)①○　②×　③×　(2)29

2 問1．蒸発　問2．体温をうばう　問3．ア　問4．エタノールは燃えやすいから。　問5．やかんの注ぎ口から出てきた水蒸気は目に見えないが，すぐに空気によって冷やされて，目に見える湯気になるから。

3 問1．ア　問2．番号…②　理由…４月に比べて５月の影の長さが短くなっているから。　問3．イ
問4．「縄張りアユ」には，縄張りに入ってきたアユに対して体をぶつけて追いはらう習性があるため，体をぶつけたときに針がささるから。　問5．イ，ウ

※の求め方は解説を参照してください。

《解　説》

1 **問1**　第１レーンの内側の線も第２レーンの内側の線も直線部分と曲線部分に分けられる。直線部分の長さに差はないから，曲線部分の長さを比べる。第１レーンの内側の線の曲線部分の長さの和は，半径15mの円周の長さと等しく，15×２×3.14＝30×3.14(m)である。第２レーンの内側の線の曲線部分の長さの和は，半径15＋１＝16(m)の円周の長さと等しく，16×２×3.14＝32×3.14(m)である。
よって，曲線部分の長さの差は，32×3.14－30×3.14＝(32－30)×3.14＝２×3.14＝6.28(m)だから，第２レーンの直線部分を6.28m短くすればよいので，求める長さは6.28mである。

問2　１台目のハードルから５台目のハードルまでの距離《きょり》は，40－10×２(m)である。
１台目のハードルから５台目のハードルまでにハードルとハードルの間は４か所あるから，１か所の長さを，(40－10×２)÷４＝５(m)とすればよい。

問3　はじめさんが100m走ったとき，さくらさんは100－10＝90(m)走ったので，同じ時間にさくらさんははじめさんの$\frac{90}{100}=\frac{9}{10}$(倍)進む。同様に，同じ時間にまことさんはさくらさんの$\frac{9}{10}$倍進む。よって，同じ時間にまことさんははじめさんの，$\frac{9}{10}\times\frac{9}{10}=\frac{81}{100}$(倍)進むので，はじめさんが100m走ったとき，まことさんは$100\times\frac{81}{100}=$81(m)進むから，はじめさんは100－81＝19(m)差で勝つ。

問4(1)　AとB，AとC，AとD，BとC，BとD，CとDの６通り。

(2)　試合結果を表にまとめると，表１のようになる。
２勝１敗のチームにAがふくまれるとすると，AはCとDに勝ったことになり，Cが２勝１敗ではなくなる。さらにBとDの結果がどのようであったとしてもBとDのどちらかが２勝１敗ではなくなる。
したがって，２勝１敗でなかったのはAだから，すべての試合結果は表２のようになる。

表1

チーム名＼対戦相手	A	B	C	D
A		×		
B	○		×	
C		○		×
D			○	

表2

チーム名＼対戦相手	A	B	C	D
A		×	×	×
B	○		×	○
C	○	○		×
D	○	×	○	

問5(1)　①(合計)＝(平均値)×(人数)だから，Aグループ10人の合計は22×10＝220(m)なので，○である。
②中央値が22mの場合おおよそ正しい内容だが，中央値はわから

ないので，×である。

③一番記録が多い値とは最頻値のことだが，最頻値はわからないので，×である。

(2) 10 人の中央値は，10÷２＝５より，大きさ順に並べたときの５番目と６番目の値《あたい》の平均である。したがって，５番目と６番目の合計は 29.5×２＝59 となる。また，小さい方から５番目は 29.5 より小さく，６番目は 29.5 より大きい。エ以外の記録を小さい順に並べると，26，27，28，28，30，30，32，32，35 となる。

29.5 より小さい記録が４つ，大きい記録が５つだから，エは 29.5 より小さく，小さい方から６番目は 30 である。

よって，小さい方から５番目は 59－30＝29 であり，エがこれにあたる。

2 **問２** ヒトがかいた汗《あせ》が皮ふから蒸発するときも，皮ふから体温をうばって，体温が上がりすぎないようにしている。

問３ 水が水蒸気に変化すると，体積は約 1700 倍になる。

問５ 水は固体(氷)，液体(水)，気体(水蒸気)にすがたを変え，気体になると目に見えなくなる。やかんの注ぎ口から出た気体の水蒸気は，外の空気に冷やされて液体の水のつぶに変化すると，目に見えるようになる。湯気は小さな液体(水)のつぶが集まって白く見えているものである。

3 **問１** 太陽は東の地平線からのぼり，南の空を通って，西の地平線にしずむので，午前８時ごろには東の空にある。図１は太陽がちょうど南にきたときの位置を示しているので，図１の左が南，下が東である。影《かげ》は太陽と反対の方向にできるので，午前８時に給食室の影がかかっていたのはトイレである。

問２ 「４月から１か月間続けて同じように観測を行うと，影の長さは次第に短く，太陽の高さは次第に大きくなることがわかりました」とあるので，太陽の高さは４月から次第に高くなっていく①，影の長さは４月から次第に短くなっていく②である。なお，太陽の高さは夏至の日に最も高くなり，冬至の日に最も低くなるので，①が太陽の高さ，②が影の長さと考えることもできる。

問３ 直角二等辺三角形の辺の比より，太陽の高さが 45 度になるとき，校舎の高さと影の長さが等しくなる。グラフ１より，太陽の高さが 45 度のとき，影の長さは約 18m になっているので，校舎の高さも 18m である。

問４ 縄張りアユには「ほかのアユが縄張りに入ってきたときには，コケを守るために，相手のおなかに体をぶつけて追いはらう習性がある」から，おとりとなるアユが縄張りに入ってくると，縄張りアユは追いはらおうとしておとりになるアユのおなかに体をぶつける。このときに縄張りアユの体に針がささる。

問５ ア×…１㎡あたりのアユの生息数が 0.3 ひきのとき，体長が 20 cm以上の群れアユの割合は全体の 20%以上である。 イ○…１㎡あたりのアユの生息数が 0.9 ひきのとき，体長が 20 cm以上の縄張りアユの割合が大きく，体長が 20 cm以下の群れアユの割合が大きいので正しい。 ウ○，エ×…１㎡あたりのアユの生息数が 0.9 ひきのとき，群れアユの割合は約 55%で最も小さく，１㎡あたりのアユの生息数が 5.5 ひきのとき，群れアユの割合は 90%以上で最も大きい。

《解答例》

一　問一．Ⓐてんもんがく　Ⓑ注ぐ　　問二．ａ．さんずい　ｂ．十二　　問三．ｃ．天の星が落ちてきたもの
ｄ．岩石や氷のかけら　　問四．そのまま降ってくる　　問五．ア　　問六．ア，ウ，エ
問七．ｅ．仲間の支え　ｆ．野球を続けることは
(例文)
私は、野球チームに入っています。私のエラーで試合に負け、落ちこんだことがありました。そのようなとき、仲間が私をはげまし、練習に付き合ってくれました。
私が野球を続けられたのは、仲間のおかげだと思います。私も周りに困っている人がいたら、その人を支え、応援することができる人になりたいと思います。

二　問１．鑑真　　問２．ア，イ，エ　　問３．ア，ウ　　問４．イ，ウ，カ　　問５．政治の中心地であった
問６．ａ．ユーラシア　ｂ．西　　問７．イ　　問８．明治時代に西洋の文化が取り入れられた
問９．(例文)
私が文化のちがいを感じたのは，外国の人とのあいさつで，あく手を求められた時です。日本のあいさつの習慣から，私はあく手をしながらおじぎをしました。その私の様子を見て，相手も同じようにおじぎをしました。すると，とても和やかなふん囲気になりました。
異なる文化をもつ人たちと共に生きていくために必要なことは，おたがいの文化のちがいを知り，そのちがいを尊重して受け入れていくことだと思います。

《解　説》

一　著作権に関係する弊社《へいしゃ》の都合により本文を非掲載《ひけいさい》としておりますので、解説を省略させていただきます。ご不便をおかけし申し訳ございませんが、ご了承《りょうしょう》ください。

二　**問１**　鑑真は唐から来日した僧である。遣唐使に請われて何度も航海に失敗しながら来日を果たし，正式な僧になるために必要な戒律を授けるための戒壇を東大寺に設けた。

問２　第１回遣唐使の派遣(630 年)～遣唐使の停止(894 年)は飛鳥時代・奈良時代・平安時代前期までなので，ア(弥生時代)，イ(飛鳥時代／十七条の憲法の制定604年・法隆寺の建立607年)，エ(平安時代末期の12世紀後半)が誤り。ウは奈良時代。

問３　アとウが正しい。　ア．資料３より，2019 年に日本に住んでいた人数は，韓国人が 2933137×0.15＝439970.55(人)，中国人が 2933137×0.28＝821278.36(人)だから，中国人の方が 381307.81 人＝38 万 1308 人多い。ウ．資料５より，日本は，韓国・アメリカとは貿易黒字，中国とは貿易赤字である。中国との貿易では，日本の輸入額の方が輸出額よりも 18.5－14.7＝3.8(兆円)上回っている。　イ．資料４より，2019 年に奈良県に住んでいた韓国人は 13951×0.24＝3348.24(人)。よって，2019 年に日本に住んでいた韓国人(439970.55 人)のうち，奈良県に住んでいた人の割合は 3348.24÷439970.55×100＝0.7610145(％)で，１％未満である。　エ．(増加率)＝(増加後の量－増加前の量)÷(増加前の量)×100 で求める。よって，2017 年から 2018 年にかけて，韓国を訪問した日本人海外旅行者数の増加率は，$\frac{295-231}{231}\times 100=27.70\cdots$(％)で，30％未満である。

問４　イとウとカが正しい。　ア．奈良市もキャンベラ市も最低気温は約５℃で，０℃より高い。　エ．キャンベ

ラ市で平均気温が最も低いのは７月だが，降水量が最も多くなるのは11月である。　オ．奈良市で降水量が最も少ないのは12月の50㎜で，100㎜を下回る。

問５　資料10より，ベルサイユ市では「国王がこの(ベルサイユ)宮殿で政治を行った」に着目する。はじめさんが「現在の奈良市が政治の中心であった」「唐の都があったのが，現在の西安市です」と言っていることから，３都市が政治の中心地であった点で共通する。

問６　六大陸については右図参照。方角は，上が北，右が東，下が南，左が西である。

問７　イが誤り。鎖国政策下では，薩摩藩が琉球王国，対馬藩が朝鮮，松前藩がアイヌ(蝦夷地)，長崎がオランダ・中国との窓口になり，交易が続けられていた。

問８　「いつ」「何があったか」を明確にすること。文明開化による生活の変化には，太陽暦の採用，レンガ造りの洋風建築，鉄道馬車，人力車，ガス灯，洋服の着用などがある。

問９　第１段落には，解答例の他，宗教上禁止されている食べ物や，服装などの文化のちがいを取り上げても良い。第２段落には，多文化共生の実現のため，独自の文化を守るだけでなく，同時に他の民族の文化も尊重することが書けていれば良い。

《解答例》

1　問１．⑴380　⑵3268　※問２．220　　問３．A．５　B．10　合計金額…17050
問４．オ　　問５．⑴72　⑵右図

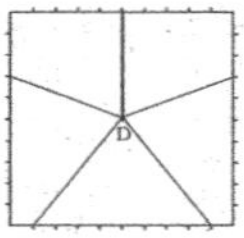

2　問１．４，２　　問２．イ，エ　※問３．３，27

3　問１．水を入れた水そうの中で集気びんを水で満たし，酸素ボンベを使って７～８分目まで酸素を入れる。その後，水中でふたをしてから集気びんを取り出す。　　問２．酸素には，ものを燃やすはたらきがあり，実験１の集気びんの中の方が，空気中より酸素の体積の割合が大きいから。　　問３．ア　　問４．イ

4　問１．イ　　問２．理由１…こん虫の成虫のからだは，頭・胸・腹の３つの部分に分かれているが，ダンゴムシの成虫のからだは，たくさんの部分に分かれているから。
理由２…こん虫の成虫のあしは６本あるが，ダンゴムシの成虫のあしは 14 本あるから。
問３．かべにあたるたびに，右，左と交ごに進む方向を変える　　問４．右図

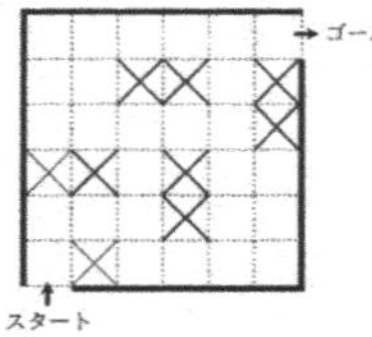

※の求め方は解説を参照してください。

《解　説》

1　**問１⑴**　さくらさんは，はじめさんがケーキ屋に着いてからあと５分歩いてケーキ屋に着くのだから，求める距離《きょり》は，76×５＝380(m)

⑵　同じ時間で進む道のりの比は，速さの比に等しい。よって，はじめさんがケーキ屋に着いたとき，はじめさんとさくらさんが進んだ道のりの比は速さの比に等しく，86：76＝43：38 である。この比の差の 43－38＝５が 380mにあたるから，はじめさんが歩いた道のりは $380\times\frac{43}{5}$＝3268(m)であり，これが求める道のりである。

問２　各段のチョコレートの個数は，１段目が１個，２段目が１＋２＝３(個)，３段目が１＋２＋３＝６(個)，４段目が１＋２＋３＋４＝10(個)，…となり，直前の段の個数よりも段の数だけ大きくなることがわかる。
これより，10 段目までの個数をまとめると，右表のようになるので，求める個数は，１＋３＋６＋10＋15＋21＋28＋36＋45＋55＝220(個)

段数(段目)	1	2	3	4	5	6	7	8	9	10
チョコレートの個数(個)	1	3	6	10	15	21	28	36	45	55

問３　いちごケーキとフルーツケーキの売上金額の合計は，380×15＋350×20＝12700(円)
よって，チーズケーキとロールケーキの売上金額の合計は，17000－12700＝4300(円)より大きい。
チーズケーキとロールケーキの売上個数の合計は 50－15－20＝15(個)で，AとBの差が５になるから，AとBのうち，一方が 10，もう一方が５であることがわかる。Aが 10，Bが５のときは，チーズケーキとロールケーキの売上金額の合計が 270×10＋300×５＝4200(円)になるので，条件に合わない。
Aが５，Bが 10 のときは，チーズケーキとロールケーキの売上金額の合計が 270×５＋300×10＝4350(円)になるので，条件に合う。このときの４つのケーキの売上合計は，12700＋4350＝17050(円)

問４　表にまとめると，右のようになる(○が食べた，×が食べてない)。
みちこさんとまことさんは，１種類は同じケーキを食べている。
その１種類はいちごケーキがチーズケーキだが，チーズケーキはよしこさんが１個食べているので，みちこさんとまことさんはいちごケーキを

	いちごケーキ	チーズケーキ	フルーツケーキ	ロールケーキ
はじめさん			○	
みちこさん			○	×
まことさん			×	
よしこさん		○	×	

食べたことがわかる。よって，よしこさんはいちごケーキを食べてないから，ロールケーキを食べたとわかる。したがって，正しいのは，オである。

問５(1)　１周 360° を５等分しているから，求める角度は，360° ÷ ５ ＝72°

(2)　右図のように，切れ目（太線）を５本適当に入れると，三角形や四角形などができるが，四角形は２つの三角形にわけることができる（五角形や六角形の場合も同様に三角形にわけられる）。このようにしてできた三角形はすべて，めもりがある辺を底辺とすると，高さがすべて等しくなる。よって，三角形と四角形の面積をすべて等しくするためには，めもりがある辺の長さをすべて同じにすればよい。めもりは全部で 10×４＝40（めもり）あるから，１つあたりの三角形または四角形のめもりがある辺の長さの和が 40÷５＝８（めもり）になるように，５本の直線をひけばよい。

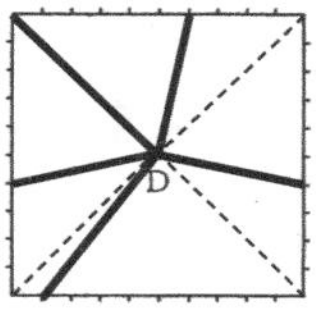

直線の引き方は，解答例以外にもたくさんある。

2　**問１**　グラフのたてのめもりは１マスで２日を表しているから，2005年の開花日は，３月20日から13日後だとわかる。３月31日は３月20日の31－20＝11（日後）だから，求める開花日は，３月31日の13－11＝２（日後）の４月２日である。

問２　ア．開花日が４月中となるのは，３月20日から12日後以降の日だから，2005年，2012年，2017年の３年ある。よって，2002年から2021年までの20年のうち，$\frac{3}{20}$×100＝15（%）だから，正しくない。

イ．最も多く開花日になった日は，３月20日から７日後の３月27日だから，正しい。

ウ．前年と比べて，開花日がおそくなった年は，2003年，2005年，2011年，2012年，2014年，2017年，2019年の７年，開花日が早くなった年は，2004年，2006年，2007年，2008年，2009年，2010年，2013年，2016年，2018年，2020年，2021年の11年だから，正しくない。

エ．開花日にならなかった日は，３月20日から８日後（３月28日）と12日後（４月１日）の２日あるから，正しい。

問３　2002年から2021年までの20年で，開花日が３月20日から何日後であったかを平均すると，

（０＋10＋５＋13＋９＋７＋６＋３＋０＋11＋14＋２＋７＋７＋３＋14＋４＋９＋６＋１）÷20＝131÷20＝6.55

より，７日後となるから，予想される開花日は，３月27日である。

3　**問１**　酸素などのように水にとけにくい気体を集めるときは，水上置換《ちかん》法で集める。なお，水にとけやすい気体で空気より軽いものは上方置換法，空気より重いものは下方置換法で集める。

問３　図４で最も多い○がちっ素，次に多い▲が酸素，最も少ない■が二酸化炭素である（空気中にふくまれる体積の割合は，ちっ素が約78%，酸素が約21%，二酸化炭素が約0.04%である）。ものが燃えると，ちっ素の割合はほとんど変わらず，酸素が減り（完全にはなくならない），二酸化炭素が増える。よって，○の数はほぼ同じで，▲の数が減り（０にはならない），■の数が増えたアが適切である。

問４　空気はあたためられると軽くなって上に動く。よって，ろうそくを燃やした後の空気は上から出ていき，新しい空気が下から入ってくる。このような空気の流れができると，ろうそくは燃え続ける。

4　**問１**　小型の飼育ケースのように手に持って動かすことができるものの場合は，イのように観察する。手に持って動かすことができないものの場合は，アのように観察する。

問２　ダンゴムシは，エビやカニなどと同じ甲殻類《こうかくるい》に分類される。

問３　図２の通路ではＢにたどりつくダンゴムシが多く，図３の通路ではＥにたどりつくダンゴムシが多い。このことから，図２の通路では右→左→右と進んだダンゴムシが多く，図３の通路では左→右→左と進んだダンゴムシが多いとわかる。

問４　ダンゴムシは☆の場所で右に曲がるから，その後，左→右→左→右と４回曲がればよい。解答例の他に，右図のような置き方も考えられる。

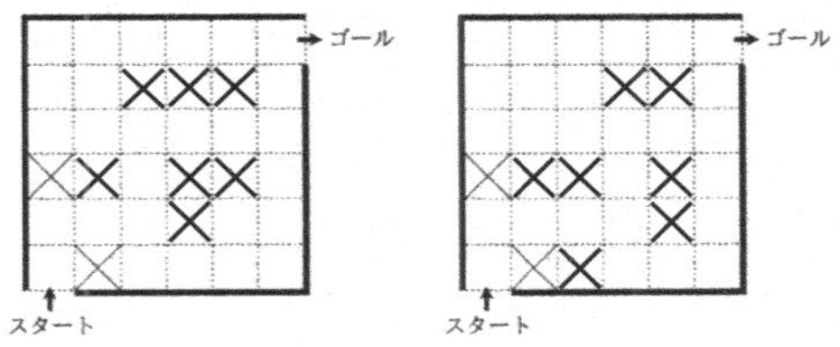

《解答例》

一　㈠協議／競技，公園／公演　などから１つ　㈡②誤解　③確かめる　④必ず　㈢(例文)高等学校二年生では、ほぼ全員が所有しています。小学校六年生と中学校二年生の所有率は毎年増加し、令和元年は、小学校六年生で約四十パーセントとなり、中学校二年生では七十パーセントをこえています。　㈣エ

二　(例文)

私は学級全員でバトンをつなぐ全員リレーを提案します。私が提案するのはテイクオーバーゾーンを通常より広く設け、走者によって走るきょりを調節することができるリレーです。

理由は二つあります。一つは、走るきょりを調節することができるため、走ることが得意な人も苦手な人も、自分の力を精いっぱい発揮することができると考えたからです。もう一つは、学級としての一体感が生まれると考えたからです。テイクオーバーゾーンの使い方についてみんなで知えを出し合い、走るきょりを調節しながら練習に取り組むことで、おたがいのことをよく理解することができ、学級全体が仲良くなるのではないかと考えました。

三　⑴エ　⑵国際社会の平和を守る　⑶5370　⑷(例文)資料…日帰り客より宿泊客の方が，奈良で使うお金の金額が多いことがわかる資料　発表の内容…日帰り客より宿泊客がお金を多く使っているので，宿泊客が増える方が，奈良のお店やホテルの収入が増え，奈良の産業が栄えることになる。また，そのお店やホテルが納める税金で，道や学校が整備され，奈良の人たちの暮らしが豊かになるので，宿泊客を増やすべきだと思う。

⑸(例文)私の家庭では，ごみの分別を行い，プラスチックごみをリサイクルするように心がけている。これによって，ごみを減らすことにつながるだけでなく，プラスチックの原料となる石油の使用量もおさえることができる。ごみを減らすこと，資源を未来に残しておくことは持続可能な社会につながると思う。

《解　説》

一　㈢　書き出しの内容から、奈良県の小学生、中学生、高校生のスマートフォンの所有率について書くことがわかる。また、★の後に「わたしたちも、中学生や高校生になると、スマートフォンを使い、メールやＳＮＳでコミュニケーションをとることが増えるということです」とあるので、この部分につながるような説明を書く。小学生よりも中学生や高校生の方が所有率が高いことや、中学生や高校生の所有率がかなり高いことについて書けばよい。

㈣　２段落目に「まず、わたしは～調べてみました」とあり、調べた事実を具体的な資料とともに書いている。また、３段落目に「実際に、わたしは～けんかになった経験があります」とあり、Ａさんの体験が書かれている。この原こうには、調べた事実や体験が理由とともに書かれているので、エが適する。

三　⑴　エが正しい。３代将軍家光までの武断政治から，４代将軍家綱以降は平和な文治政治が行われた。江戸時代の17 世紀末～18 世紀初頭，上方(京都・大阪)を中心に元禄文化が栄えた。歌舞伎は，上方では和事を得意とする坂田藤十郎，江戸では荒事を得意とする市川団十郎が人気を集めた。浮世絵は，菱川師宣筆の「見返り美人図」などが有名である。アは江戸三大ききん(享保のききん・天明のききん・天保のききん)が起こった18 世紀～19 世紀にあたる。イは室町時代後半(戦国時代)，ウは安土桃山時代。

⑵　字数の指定に気を付けること。国際連合は，第二次世界大戦の反省から，世界の平和と安全を守ることを目的に設立された機関である。国際連合の平和維持活動(ＰＫＯ)では，戦いを続ける兵力を引きはなし，停戦を監視して，

戦争の再発を防いでいる。

(3) 平成 22 年の一日平均の宿泊客数は 1960000÷365＝5369.8…(人)になる。グラフのタテ軸の単位が「万人」であることに注意しよう。

(4) 観光業の活性化によって，奈良市にどのような経済効果がもたらされるのかを具体的に考えれば良い。

(5) プラスチックごみなどがリサイクルされないまま焼却されると，二酸化炭素の排出量が増える。二酸化炭素などの温室効果ガスが大量に排出されると，地球表面の気温が高くなっていく地球温暖化現象が引き起こされる。そのため，ごみの発生を抑える「リデュース」，そのままの形体でくり返し使用する「リユース」，資源として再利用する「リサイクル」（３Ｒ）を進め，新たな天然資源の使用を減らす循環型社会が目指されている。解答例の他に，貧困をなくすための取り組みとして，貧困の連鎖を断ち切るフェアトレード製品を買うことを取り上げても良い。

《解答例》

1　※(1)興福寺…48 人　若草山…42 人　※(2) 4　(3)オ

2　(1) 6 個　(2)□にあてはまる数… $\frac{1}{3}$ 　求め方… 1 辺の長さが 6 ㎝の立方体の体積は，6 × 6 × 6 ＝216 で，216 ㎤である。(1)より，Aの体積は 216÷ 6 ＝36 で，36 ㎤である。Aの体積が(Aの底面積)×(Aの高さ)×□で求められることから，6 × 6 × 3 ×□＝36 と式に表すことができる。この式をもとに，□にあてはまる数を求めると，108×□＝36　□＝36÷108　□＝ $\frac{1}{3}$

3　(1)①ア，イ，エ　②化石燃料を燃やすと，二酸化炭素ができるから。　(2)植物は，日光に当たると二酸化炭素をとり入れる性質がある。森林面積が減少することで植物が減少し，植物がとり入れる二酸化炭素の量が減少するから。　(3)①減少　②5 月ごろから 8 月ごろにかけて植物の葉の量が増加し，さらに昼の時間が長くなることにより，とり入れる空気中の二酸化炭素の量が増加するから　③増加　④9 月ごろから 3 月ごろにかけて植物の葉の量が減少し，さらに昼の時間が短くなることにより，とり入れる空気中の二酸化炭素の量が減少するから

※の求め方は解説を参照してください。

《解　説》

1　(1)　棒グラフのたて 1 マスは 50÷10＝ 5 (人)を表している。

よって，2 つのグラフより，東大寺と回答した人は 75 人で，全体の 25%＝0.25 だとわかるので，全体の人数は，75÷0.25＝300(人)である。東大寺《とうだいじ》，春日大社《かすがたいしゃ》，薬師寺《やくしじ》と回答した人は，合わせると全体の 25＋20＋10＝55(%)だから，300×0.55＝165(人)である。棒グラフより，その他の人数は 45 人なので，興福寺《こうふくじ》，若草山《わかくさやま》と回答した人数の合計は，300－165－45＝90(人)である。

よって，興福寺と回答した人数は，$90\times\frac{8}{8+7}$＝48(人)，若草山と回答した人数は，90－48＝42(人)

(2)　その他の人数は 45 人である。そのうち，平城宮跡《へいじょうきゅうせき》と回答した人数は，45×0.6＝27(人)，ならまちと回答した人数は 45×0.2＝ 9 (人)だから，大安寺《だいあんじ》と回答した人数は，45－ 6 －27－ 9 ＝ 3 (人)

東大寺と回答した人数は 75 人だから，求める割合は，$\frac{3}{75}\times100$＝ 4 (%)

(3)　東大寺と回答した人数の割合は，100－60＝40(%)

東大寺以外の観光名所を回答した 60%のうち，25%が春日大社と回答したので，これは全体の 60×0.25＝15(%)となる。よって，条件に合うグラフは，オだとわかる。

2　(1)　立体Aの 6 ㎝× 6 ㎝の面がそれぞれ，1 辺の長さが 6 ㎝の立方体の面になるように組み合わせると，右図のようにA 6 個でつくることができる。

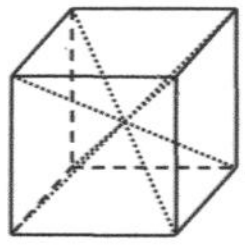

(2)　(1)から，Aの体積の 6 倍が 1 辺 6 ㎝の立方体の体積に等しいことがわかる。このことから，(Aの底面積)×(Aの高さ)×□＝(Aの体積)にそれぞれの値を代入し，□の値を求めることができる。

3　(1)①　化石燃料とは，石炭，石油，天然ガスなどのことで，地中に残った生物の体が，長い年月をかけて圧力や熱を受け，変化したものある。　ア○…化石燃料を燃やした熱を利用して，発電している。　イ○…プラスチックの主な原料は石油である。　ウ×…紙の主な原料は木である。　エ○…現在，自動車の燃料の多くは，石油から取り出されるガソリンである。

(2)　植物は日光に当たると，二酸化炭素と水を材料にして，酸素とでんぷんをつくる光合成を行う。

■ ご使用にあたってのお願い・ご注意

（1）問題文等の非掲載

著作権上の都合により，問題文や図表などの一部を掲載できない場合があります。

誠に申し訳ございませんが，ご了承くださいますようお願いいたします。

（2）過去問における時事性

過去問題集は，学習指導要領の改訂や社会状況の変化，新たな発見などにより，現在とは異なる表記や解説になっている場合があります。過去問の特性上，出題当時のままで出版していますので，あらかじめご了承ください。

（3）配点

学校等から配点が公表されている場合は，記載しています。公表されていない場合は，記載していません。

独自の予想配点は，出題者の意図と異なる場合があり，お客様が学習するうえで誤った判断をしてしまう恐れがあるため記載していません。

（4）無断複製等の禁止

購入された個人のお客様が，ご家庭でご自身またはご家族の学習のためにコピーをすることは可能ですが，それ以外の目的でコピー，スキャン，転載（ブログ，ＳＮＳなどでの公開を含みます）などをすることは法律により禁止されています。学校や学習塾などで，児童生徒のためにコピーをして使用することも法律により禁止されています。

ご不明な点や，違法な疑いのある行為を確認された場合は，弊社までご連絡ください。

（5）けがに注意

この問題集は針を外して使用します。針を外すときは，けがをしないように注意してください。また，表紙カバーや問題用紙の端で手指を傷つけないように十分注意してください。

（6）正誤

制作には万全を期しておりますが，万が一誤りなどがございましたら，弊社までご連絡ください。

なお，誤りが判明した場合は，弊社ウェブサイトの「ご購入者様のページ」に掲載しておりますので，そちらもご確認ください。

■ お問い合わせ

解答例，解説，印刷，製本など，問題集発行におけるすべての責任は弊社にあります。

ご不明な点がございましたら，弊社ウェブサイトの「お問い合わせ」フォームよりご連絡ください。迅速に対応いたしますが，営業日の都合で回答に数日を要する場合があります。

ご入力いただいたメールアドレス宛に自動返信メールをお送りしています。自動返信メールが届かない場合は，「よくある質問」の「メールの問い合わせに対し返信がありません。」の項目をご確認ください。

また弊社営業日（平日）は，午前９時から午後５時まで，電話でのお問い合わせも受け付けています。

2025春

教英出版

株式会社教英出版

〒422-8054　静岡県静岡市駿河区南安倍３丁目 12-28

TEL　054-288-2131　　FAX　054-288-2133

URL　https://kyoei-syuppan.net/

MAIL siteform@kyoei-syuppan.net

教英出版　2025年春受験用　中学入試問題集

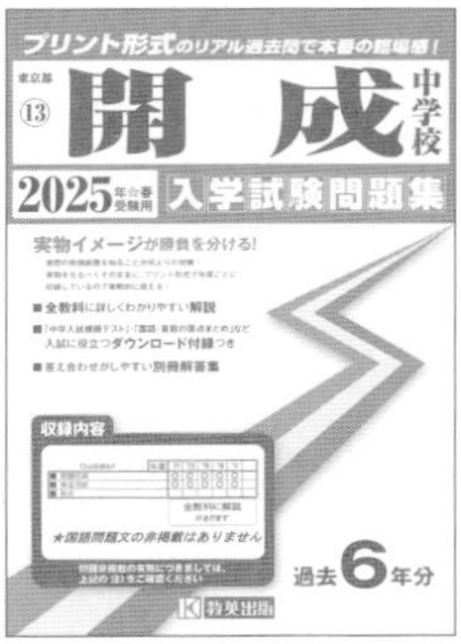

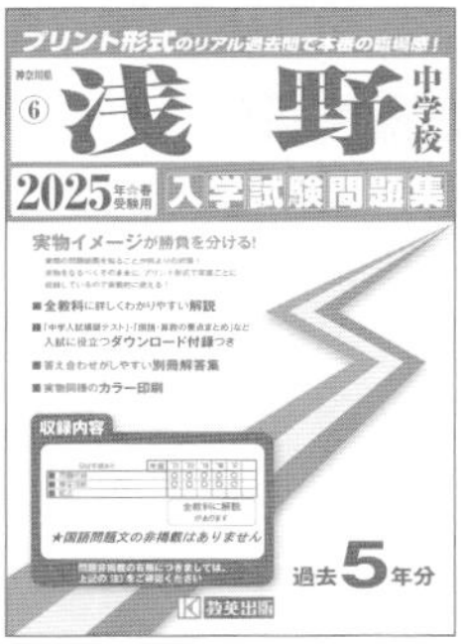

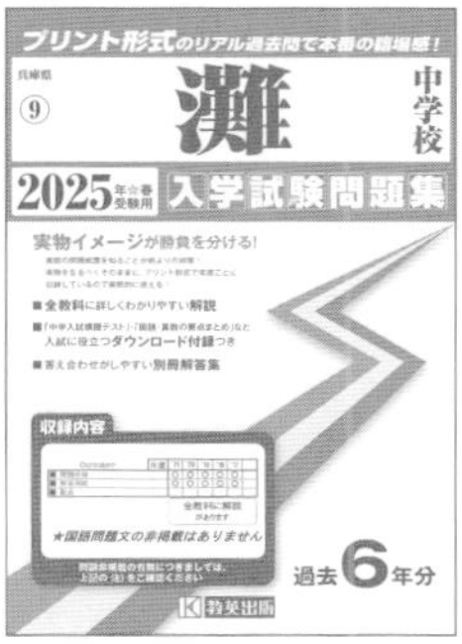

学校別問題集

✿はカラー問題対応

北海道

①[市立]札幌開成中等教育学校
②藤女子中学校
③北嶺中学校
④北星学園女子中学校
⑤札幌大谷中学校
⑥札幌光星中学校
⑦立命館慶祥中学校
⑧函館ラ・サール中学校

青森県

①[県立]三本木高等学校附属中学校

岩手県

①[県立]一関第一高等学校附属中学校

宮城県

①[県立]宮城県古川黎明中学校
②[県立]宮城県仙台二華中学校
③[市立]仙台青陵中等教育学校
④東北学院中学校
⑤仙台白百合学園中学校
⑥聖ウルスラ学院英智中学校
⑦宮城学院中学校
⑧秀光中学校
⑨古川学園中学校

秋田県

①[県立] 大館国際情報学院中学校
　秋田南高等学校中等部
　横手清陵学院中学校

山形県

①[県立] 東桜学館中学校
　致道館中学校

福島県

①[県立] 会津学鳳中学校
　ふたば未来学園中学校

茨城県

①[県立] 日立第一高等学校附属中学校
　太田第一高等学校附属中学校
　水戸第一高等学校附属中学校
　鉾田第一高等学校附属中学校
　鹿島高等学校附属中学校
　土浦第一高等学校附属中学校
　竜ヶ崎第一高等学校附属中学校
　下館第一高等学校附属中学校
　下妻第一高等学校附属中学校
　水海道第一高等学校附属中学校
　勝田中等教育学校
　並木中等教育学校
　古河中等教育学校

栃木県

①[県立] 宇都宮東高等学校附属中学校
　佐野高等学校附属中学校
　矢板東高等学校附属中学校

群馬県

① [県立]中央中等教育学校
　[市立]四ツ葉学園中等教育学校
　[市立]太田中学校

埼玉県

①[県立]伊奈学園中学校
②[市立]浦和中学校
③[市立]大宮国際中等教育学校
④[市立]川口市立高等学校附属中学校

千葉県

①[県立] 千葉中学校
　東葛飾中学校
②[市立]稲毛国際中等教育学校

東京都

①[国立]筑波大学附属駒場中学校
②[都立]白鷗高等学校附属中学校
③[都立]桜修館中等教育学校
④[都立]小石川中等教育学校
⑤[都立]両国高等学校附属中学校
⑥[都立]立川国際中等教育学校
⑦[都立]武蔵高等学校附属中学校
⑧[都立]大泉高等学校附属中学校
⑨[都立]富士高等学校附属中学校
⑩[都立]三鷹中等教育学校
⑪[都立]南多摩中等教育学校
⑫[区立]九段中等教育学校
⑬開成中学校
⑭麻布中学校
⑮桜蔭中学校
⑯女子学院中学校
✿⑰豊島岡女子学園中学校
⑱東京都市大学等々力中学校
⑲世田谷学園中学校
✿⑳広尾学園中学校（第2回）
✿㉑広尾学園中学校（医進・サイエンス回）
㉒渋谷教育学園渋谷中学校（第1回）
㉓渋谷教育学園渋谷中学校（第2回）
㉔東京農業大学第一高等学校中等部（2月1日 午後）
㉕東京農業大学第一高等学校中等部（2月2日 午後）

神奈川県

①[県立]
- 相模原中等教育学校
- 平塚中等教育学校

②[市立]南高等学校附属中学校
③[市立]横浜サイエンスフロンティア高等学校附属中学校
④[市立]川崎高等学校附属中学校
✿⑤聖光学院中学校
✿⑥浅野中学校
⑦洗足学園中学校
⑧法政大学第二中学校
⑨逗子開成中学校（1次）
⑩逗子開成中学校（2·3次）
⑪神奈川大学附属中学校（第1回）
⑫神奈川大学附属中学校（第2·3回）
⑬栄光学園中学校
⑭フェリス女学院中学校

新潟県

①[県立]
- 村上中等教育学校
- 柏崎翔洋中等教育学校
- 燕中等教育学校
- 津南中等教育学校
- 直江津中等教育学校
- 佐渡中等教育学校

②[市立]高志中等教育学校
③新潟第一中学校
④新潟明訓中学校

石川県

①[県立]金沢錦丘中学校
②星稜中学校

福井県

①[県立]高志中学校

山梨県

①山梨英和中学校
②山梨学院中学校
③駿台甲府中学校

長野県

①[県立]
- 屋代高等学校附属中学校
- 諏訪清陵高等学校附属中学校

②[市立]長野中学校

岐阜県

①岐阜東中学校
②鶯谷中学校
③岐阜聖徳学園大学附属中学校

静岡県

①[国立]静岡大学教育学部附属中学校（静岡·島田·浜松）

②
- [県立]清水南高等学校中等部
- [県立]浜松西高等学校中等部
- [市立]沼津高等学校中等部

③不二聖心女子学院中学校
④日本大学三島中学校
⑤加藤学園暁秀中学校
⑥星陵中学校
⑦東海大学付属静岡翔洋高等学校中等部
⑧静岡サレジオ中学校
⑨静岡英和女学院中学校
⑩静岡雙葉中学校
⑪静岡聖光学院中学校
⑫静岡学園中学校
⑬静岡大成中学校
⑭城南静岡中学校
⑮静岡北中学校

⑯
- 常葉大学附属常葉中学校
- 常葉大学附属橘中学校
- 常葉大学附属菊川中学校

⑰藤枝明誠中学校
⑱浜松開誠館中学校
⑲静岡県西遠女子学園中学校
⑳浜松日体中学校
㉑浜松学芸中学校

愛知県

①[国立]愛知教育大学附属名古屋中学校
②愛知淑徳中学校

③
- 名古屋経済大学市邨中学校
- 名古屋経済大学高蔵中学校

④金城学院中学校
⑤椙山女学園中学校
⑥東海中学校
⑦南山中学校男子部
⑧南山中学校女子部
⑨聖霊中学校
⑩滝中学校
⑪名古屋中学校
⑫大成中学校
⑬愛知中学校
⑭星城中学校
⑮名古屋葵大学中学校
（名古屋女子大学中学校）
⑯愛知工業大学名電中学校
⑰海陽中等教育学校（特別給費生）
⑱海陽中等教育学校（I·II）
⑲中部大学春日丘中学校
新刊⑳名古屋国際中学校

三重県

①[国立]三重大学教育学部附属中学校
②暁中学校
③海星中学校
④四日市メリノール学院中学校
⑤高田中学校
⑥セントヨゼフ女子学園中学校
⑦三重中学校
⑧皇學館中学校
⑨鈴鹿中等教育学校
⑩津田学園中学校

滋賀県

①[国立]滋賀大学教育学部附属中学校

②[県立]
- 河瀬中学校
- 守山中学校
- 水口東中学校

京都府

①[国立]京都教育大学附属桃山中学校
②[府立]洛北高等学校附属中学校
③[府立]園部高等学校附属中学校
④[府立]福知山高等学校附属中学校
⑤[府立]南陽高等学校附属中学校
⑥[市立]西京高等学校附属中学校
⑦同志社中学校
⑧洛星中学校
⑨洛南高等学校附属中学校
⑩立命館中学校
⑪同志社国際中学校
⑫同志社女子中学校（前期日程）
⑬同志社女子中学校（後期日程）

大阪府

①[国立]大阪教育大学附属天王寺中学校
②[国立]大阪教育大学附属平野中学校
③[国立]大阪教育大学附属池田中学校

④[府立]富田林中学校
⑤[府立]咲くやこの花中学校
⑥[府立]水都国際中学校
⑦清風中学校
⑧高槻中学校(A日程)
⑨高槻中学校(B日程)
⑩明星中学校
⑪大阪女学院中学校
⑫大谷中学校
⑬四天王寺中学校
⑭帝塚山学院中学校
⑮大阪国際中学校
⑯大阪桐蔭中学校
⑰開明中学校
⑱関西大学第一中学校
⑲近畿大学附属中学校
⑳金蘭千里中学校
㉑金光八尾中学校
㉒清風南海中学校
㉓帝塚山学院泉ヶ丘中学校
㉔同志社香里中学校
㉕初芝立命館中学校
㉖関西大学中等部
㉗大阪星光学院中学校

兵庫県

①[国立]神戸大学附属中等教育学校
②[県立]兵庫県立大学附属中学校
③雲雀丘学園中学校
④関西学院中学部
⑤神戸女学院中学部
⑥甲陽学院中学校
⑦甲南中学校
⑧甲南女子中学校
⑨灘中学校
⑩親和中学校
⑪神戸海星女子学院中学校
⑫滝川中学校
⑬啓明学院中学校
⑭三田学園中学校
⑮淳心学院中学校
⑯仁川学院中学校
⑰六甲学院中学校
⑱須磨学園中学校(第1回入試)
⑲須磨学園中学校(第2回入試)
⑳須磨学園中学校(第3回入試)
㉑白陵中学校
㉒夙川中学校

奈良県

①[国立]奈良女子大学附属中等教育学校
②[国立]奈良教育大学附属中学校
③[県立]
国際中学校
青翔中学校
④[市立]一条高等学校附属中学校
⑤帝塚山中学校
⑥東大寺学園中学校
⑦奈良学園中学校
⑧西大和学園中学校

和歌山県

①[県立]
古佐田丘中学校
向陽中学校
桐蔭中学校
日高高等学校附属中学校
田辺中学校
②智辯学園和歌山中学校
③近畿大学附属和歌山中学校
④開智中学校

岡山県

①[県立]岡山操山中学校
②[県立]倉敷天城中学校
③[県立]岡山大安寺中等教育学校
④[県立]津山中学校
⑤岡山中学校
⑥清心中学校
⑦岡山白陵中学校
⑧金光学園中学校
⑨就実中学校
⑩岡山理科大学附属中学校
⑪山陽学園中学校

広島県

①[国立]広島大学附属中学校
②[国立]広島大学附属福山中学校
③[県立]広島中学校
④[県立]三次中学校
⑤[県立]広島叡智学園中学校
⑥[市立]広島中等教育学校
⑦[市立]福山中学校
⑧広島学院中学校
⑨広島女学院中学校
⑩修道中学校
⑪崇徳中学校
⑫比治山女子中学校
⑬福山暁の星女子中学校
⑭安田女子中学校
⑮広島なぎさ中学校
⑯広島城北中学校
⑰近畿大学附属広島中学校福山校
⑱盈進中学校
⑲如水館中学校
⑳ノートルダム清心中学校
㉑銀河学院中学校
㉒近畿大学附属広島中学校東広島校
㉓AICJ中学校
㉔広島国際学院中学校
㉕広島修道大学ひろしま協創中学校

山口県

①[県立]
下関中等教育学校
高森みどり中学校
②野田学園中学校

徳島県

①[県立]
富岡東中学校
川島中学校
城ノ内中等教育学校
②徳島文理中学校

香川県

①大手前丸亀中学校
②香川誠陵中学校

愛媛県

①[県立]
今治東中等教育学校
松山西中等教育学校
②愛光中学校
③済美平成中等教育学校
④新田青雲中等教育学校

高知県

①[県立]
安芸中学校
高知国際中学校
中村中学校

福岡県

①［国立］福岡教育大学附属中学校（福岡·小倉·久留米）

②［県立］
- 育徳館中学校
- 門司学園中学校
- 宗像中学校
- 嘉穂高等学校附属中学校
- 輝翔館中等教育学校

③西南学院中学校
④上智福岡中学校
⑤福岡女学院中学校
⑥福岡雙葉中学校
⑦照曜館中学校
⑧筑紫女学園中学校
⑨敬愛中学校
⑩久留米大学附設中学校
⑪飯塚日新館中学校
⑫明治学園中学校
⑬小倉日新館中学校
⑭久留米信愛中学校
⑮中村学園女子中学校
⑯福岡大学附属大濠中学校
⑰筑陽学園中学校
⑱九州国際大学付属中学校
⑲博多女子中学校
⑳東福岡自彊館中学校
㉑八女学院中学校

佐賀県

①［県立］
- 香楠中学校
- 致遠館中学校
- 唐津東中学校
- 武雄青陵中学校

②弘学館中学校
③東明館中学校
④佐賀清和中学校
⑤成穎中学校
⑥早稲田佐賀中学校

長崎県

①［県立］
- 長崎東中学校
- 佐世保北中学校
- 諫早高等学校附属中学校

②青雲中学校
③長崎南山中学校
④長崎日本大学中学校
⑤海星中学校

熊本県

①［県立］
- 玉名高等学校附属中学校
- 宇土中学校
- 八代中学校

②真和中学校
③九州学院中学校
④ルーテル学院中学校
⑤熊本信愛女学院中学校
⑥熊本マリスト学園中学校
⑦熊本学園大学付属中学校

大分県

①［県立］大分豊府中学校
②岩田中学校

宮崎県

①［県立］五ヶ瀬中等教育学校

②［県立］
- 宮崎西高等学校附属中学校
- 都城泉ヶ丘高等学校附属中学校

③宮崎日本大学中学校
④日向学院中学校
⑤宮崎第一中学校

鹿児島県

①［県立］楠隼中学校
②［市立］鹿児島玉龍中学校
③鹿児島修学館中学校
④ラ・サール中学校
⑤志學館中等部

沖縄県

①［県立］
- 与勝緑が丘中学校
- 開邦中学校
- 球陽中学校
- 名護高等学校附属桜中学校

もっと過去問シリーズ

北海道

北嶺中学校
7年分（算数・理科・社会）

静岡県

静岡大学教育学部附属中学校
（静岡·島田·浜松）
10年分（算数）

愛知県

愛知淑徳中学校
7年分（算数・理科・社会）
東海中学校
7年分（算数・理科・社会）
南山中学校男子部
7年分（算数・理科・社会）
南山中学校女子部
7年分（算数・理科・社会）
滝中学校
7年分（算数・理科・社会）
名古屋中学校
7年分（算数・理科・社会）

岡山県

岡山白陵中学校
7年分（算数・理科）

広島県

広島大学附属中学校
7年分（算数・理科・社会）
広島大学附属福山中学校
7年分（算数・理科・社会）
広島学院中学校
7年分（算数・理科・社会）
広島女学院中学校
7年分（算数・理科・社会）
修道中学校
7年分（算数・理科・社会）
ノートルダム清心中学校
7年分（算数・理科・社会）

愛媛県

愛光中学校
7年分（算数・理科・社会）

福岡県

福岡教育大学附属中学校
（福岡·小倉·久留米）
7年分（算数・理科・社会）
西南学院中学校
7年分（算数・理科・社会）
久留米大学附設中学校
7年分（算数・理科・社会）
福岡大学附属大濠中学校
7年分（算数・理科・社会）

佐賀県

早稲田佐賀中学校
7年分（算数・理科・社会）

長崎県

青雲中学校
7年分（算数・理科・社会）

鹿児島県

ラ·サール中学校
7年分（算数・理科・社会）

※もっと過去問シリーズは
国語の収録はありません。

教英出版
〒422-8054
静岡県静岡市駿河区南安倍3丁目12－28
TEL 054-288-2131
FAX 054-288-2133
詳しくは教英出版で検索
教英出版　検索
URL https://kyoei-syuppan.net/

令和6年度奈良市立一条高等学校附属中学校入学者選抜　適性検査Ⅰ　問題用紙

（45分）

一　はじめさんとさくらさんは、「学ぶとは、どういうことなのか」について考えるために【文章A】と【文章B】を読みました。それぞれの文章を読み、各問いに答えなさい。

【文章A】

それでも本でなければ得られないものは何か。それは、知識の獲《かく》得《とく》のⒶかていを通じて、じっくり考える機会を得ることにある――つまり、考える力を養うための情報や知識との格闘《かくとう》の時間を与《あた》えてくれるということだと私は思います。

他のメディアとは異なり、本をはじめとする紙に書かれた活字メディアでは、受け手のペースに合わせて、メッセージを追っていくことができます。［Ⅰ］、今この本を手にしている皆《みな》さんは、めんどうくさいやと、*一足飛びに別の章を開いたりすることも、*斜《なな》め読みをして、「もういいや」とこの本を投げ出してしまうこともできます（でも、もう少し辛抱《しんぼう》してつきあってください）。あるいは、これまで読んできたところを、もう一度読み返して、この著者がこれから何をいおうとしているのか、予想を立てることもできるでしょう。活字メディアの場合、読み手が自分のペースで、文章を行ったり来たりしながら、「*行間を読んだり」「論の進め方をたどったり」することができるのです。いい換《か》えれば、①他のメディアに比べて、時間のかけかたが自由であるということです。

文章を行ったり来たりできることは、立ち止まってじっくり考える余裕《よゆう》を与えてくれることでもあります。もっともらしいせりふに出会っても、話しているときのように「そんなものかな」と思って十分*吟味《ぎんみ》もせずに納得《なっとく》してしまわない。本の場合、そうしたもっともらしさ自体を疑ってかかる余裕が与えられるということです。つまり、ありきたりの「常識」に飲みこまれないための*複眼思考を身

ステモロジーを持っていなければ、シナジー効果は生まれない。

大事なことは、一人で考えることをおろそかにしないことだ。*アンダース・エリクソンは、超一流《ちょういちりゅう》の熟達者《じゅくたつしゃ》ほど一人での練習に時間をかけるという結果を発表している。世界クラスのチェスプレーヤーたちに、一人で勉強する時間とトーナメントで試合する経験とでは、どちらが大事かを聞いたところ、一人で勉強する時間のほうが大事だという答えが大半だったそうである。

机の前に座って受動的に授業を聴《き》き、覚えることを主としたこれまでの学習スタイルがよいと言っているわけではもちろんない。しかし、自分にしかない知識やスキルと、探究エピステモロジーがなければコラボレーションに貢献《こうけん》できない。③他人にはない知識、スキル、考え方を持つには、自分で工夫《くふう》しながら自分ひとりで学ぶ習慣と学び方を子ども時代に身につけていかなければならない。

（今井《いまい》むつみ『学びとは何か―《探究人》になるために』岩波新書による　出題のため一部改編）

*授業スタイル……授業の形式、授業の型
*ディスカッション……討論、討議
*認知科学……人間の知の働き・仕組みを研究する学問
*プロジェクト……計画、課題
*スキル……技能、技術
*シナジー効果……複数の人や物などが作用し合うことで高い効果が生まれること
*コラボレーション……複数の人や物などが協力したり、共に

さくら　二つの文章を読み比べることで　学ぶとはどういうこ
となのか分かった気がします。

(一)　空らんａ、ｂにあてはまる言葉を、ａは三字、ｂは十八字で【文章Ａ】または【文章Ｂ】からぬき出して書きなさい。句読点（。、）や（「」）などの記号は、それぞれ字数に数えます。

(二)　空らんｃにあてはまる内容として、最も適切なものを、次のア～エから一つ選び、その記号を書きなさい。

ア　他者に負けないように、読書を通して自分だけの知識や教養を得ようとする活動や行動

イ　ある知識や考えに対して簡単に納得せず、完全に理解できたと思うこともなく、常に一人で考え続ける活動や行動

ウ　知識やスキルを得るために時間をかけながら一人で考えたり、自分の考えを他者と話し合ったりする活動や行動

エ　読書を通して短時間で多くの知識を得たり、得た知識を用いてディスカッションしたりする活動や行動

（45分）

一　はじめさんとさくらさんは、「学ぶとは、どういうことなのか」について考えるために【文章A】と【文章B】を読みました。それぞれの文章を読み、各問いに答えなさい。

【文章A】

それでも本でなければ得られないものは何か。それは、知識の獲《かく》得《とく》の Ⓐかていを通じて、じっくり考える機会を得ることにある――つまり、考える力を養うための情報や知識との格闘《かくとう》の時間を与《あた》えてくれるということだと私は思います。

他のメディアとは異なり、本をはじめとする紙に書かれた活字メディアでは、受け手のペースに合わせて、メッセージを追っていくことができます。[Ⅰ]、今この本を手にしている皆《みな》さんは、めんどうくさいやと、*一足飛びに別の章を開いたりすることも、*斜《なな》め読みをして、「もういいや」とこの本を投げ出してしまうこともできます（でも、もう少し辛抱《しんぼう》してつきあってください）。あるいは、これまで読んできたところを、もう一度読み返して、この著者がこれから何をいおうとしているのか、予想を立てることもできるでしょう。活字メディアの場合、読み手が自分のペースで、文章を行ったり来たりしながら、「*行間を読んだり」「論の進め方をたどったり」することができるのです。いい換《か》えれば、①他のメディアに比べて、時間のかけかたが自由であるということです。

文章を行ったり来たりできることは、立ち止まってじっくり考える余裕《よゆう》を与えてくれることでもあります。もっともらしいせりふに出会っても、話しているときのように「そんなものかな」と思って十分*吟味《ぎんみ》もせずに納得《なっとく》してしまわない。本の場合、そうしたもっともらしさ自体を疑ってかかる余裕が与えられるということです。つまり、ありきたりの「常識」に飲みこまれないための*複眼思考を身

[illegible]

ステモロジーを持っていなければ、シナジー効果は生まれない。

大事なことは、一人で考えることをおろそかにしないことだ。*アンダース・エリクソンは、超一流《ちょういちりゅう》の熟達者《じゅくたつしゃ》ほど一人での練習に時間をかけるという結果を発表している。世界クラスのチェスプレーヤーたちに、一人で勉強する時間とトーナメントで試合する経験とでは、どちらが大事かを聞いたところ、一人で勉強する時間のほうが大事だという答えが大半だったそうである。

机の前に座って受動的に授業を聴《き》き、覚えることを主としたこれまでの学習スタイルがよいと言っているわけではもちろんない。しかし、自分にしかない知識やスキルと、探究エピステモロジーがなければコラボレーションに貢献《こうけん》できない。③他人にはない知識、スキル、考え方を持つには、自分で工夫《くふう》しながら自分ひとりで学ぶ習慣と学び方を子ども時代に身につけていかなければならない。

（今井《いまい》むつみ『学びとは何か―《探究人》になるために』岩波新書による　出題のため一部改編）

*授業スタイル……授業の形式、授業の型
*ディスカッション……討論、討議
*認知科学……人間の知の働き・仕組みを研究する学問
*プロジェクト……計画、課題
*スキル……技能、技術
*シナジー効果……複数の人や物などが作用し合うことで高い効果が生まれること
*コラボレーション……複数の人や物などが協力したり、共に働いたりすることで新たな価値を生

さくら　二つの文章を読み比べることで、学ぶとはどういうことなのか分かった気がします。

（一）空らんａ、ｂにあてはまる言葉を、ａは三字、ｂは十八字で【文章Ａ】または【文章Ｂ】からぬき出して書きなさい。句読点（。、）や（「」）などの記号は、それぞれ字数に数えます。

（二）空らんｃにあてはまる内容として、最も適切なものを、次のア～エから一つ選び、その記号を書きなさい。

ア　他者に負けないように、読書を通して自分だけの知識や教養を得ようとする活動や行動

イ　ある知識や考えに対して簡単に納得せず、完全に理解できたと思うこともなく、常に一人で考え続ける活動や行動

ウ　知識やスキルを得るために時間をかけながら一人で考えたり、自分の考えを他者と話し合ったりする活動や行動

エ　読書を通して短時間で多くの知識を得たり、得た知識を用いてディスカッションしたりする活動や行動

二　はじめさんとさくらさんは、さまざまな資料を使って、これまでの学習を振り返ることにしました。各問いに答えなさい。

問一　写真資料や地図ソフトを活用しながら、話している二人の会話文を読み、各問いにそれぞれ答えなさい。

はじめ　【図1】の上空から撮影された奈良県の写真を見ると、奈良盆地《ぼんち》は奈良県の（　a　）部に位置していますね。

さくら　そうですね。盆地であることは授業で学び知っていましたが、【図1】を見ると、はっきりと確認できます。

はじめ　奈良盆地は、歴史的にも政治や文化の中心として、たくさんの出来事の舞台《ぶたい》となってきましたね。

さくら　政治では、奈良盆地には（　b　）京や平城京が成立して、国の中心だったことを学びましたね。

はじめ　文化では、和歌の学習から、①大和三山（天香久山《あまのかぐやま》・畝傍山《うねびやま》・耳成山《みみなしやま》）についても学びました。

さくら　②古事記や万葉集にも登場する山々だと聞いて、みんなで和歌をつくったことをよく覚えています。

（一）　空らんaにあてはまる言葉を、【図1】を参考にして、次のア～エから一つ選びその記号を、また空らんbにはあてはまる言葉を書きなさい。

ア　北東　　イ　北西
ウ　南東　　エ　南西

【図1】奈良県の写真

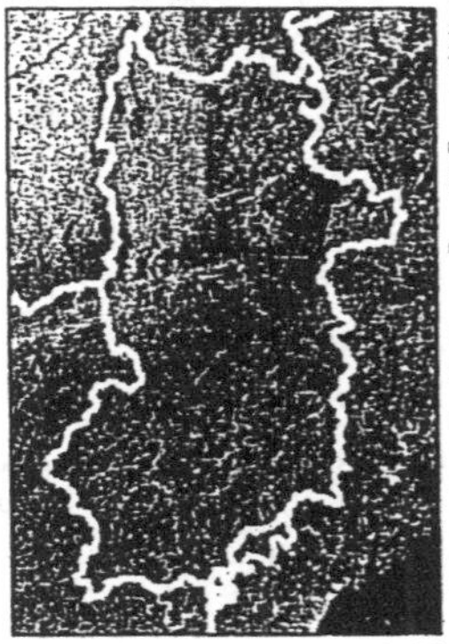

（地理院地図 Vectorより作成）

（二）　――線部①「大和三山」とありますが、地図ソフトで

問二　奈良市の気候の特徴《とくちょう》を調べるために、これまでに学んだいくつかの県庁所在地（秋田市・仙台市・金沢市・高松市）の気候と比較し、【表1】を作成しました。仙台市にあてはまるものとして最も適切なものを、【表1】のア～エから一つ選び、その記号を書きなさい。

【表1】各県庁所在地の資料

	年降水量(mm)	年間の降雪の深さ(cm)	8月の平均気温(℃)	1月の平均気温(℃)
奈良市	1365.1	5	27.8	4.5
ア	2401.5	157	27.3	4.0
イ	1276.7	59	24.4	2.0
ウ	1150.1	1	28.6	5.9
エ	1741.6	273	25.0	0.4

※　1991～2020年の平均値（年・月ごとの値）

（気象庁ウェブサイトより作成）

問三　はじめさんとさくらさんは、奈良市のウェブサイトで、「奈良市道路損傷等通報システム」を見つけ、その内容を【資料1】のようにまとめました。【資料1】を参考にしながら、このシステムの仕組みとして最も適切なものを、次のア～エから一つ選び、その記号を書きなさい。

ア　市民から寄せられる損傷に関する情報を、デジタル地図を活用し状況《じょうきょう》を確認することができるので、損傷した場所の近くの住民が損傷部分を補修する役目を担っている。

イ　市民が道路損傷の状況を、ウェブサイトを通じて直接公開することができるので、正確な情報を他の市民と共有すーロッパでは一四世紀から*上流社会で流行し、一六世紀ではまだ一般的《いっぱんてき》ではなかったようですが、日本の武将たちはもう使っていました。ボタンは*陣羽織《じんばおり》(武士が戦時の陣中で着た羽織)や足袋《たび》にも使われていました。

その陣羽織も、ポルトガルの影響《えいきょう》を強く受けました。やはり上杉謙信が着ていたと言われる陣羽織は内側には中国の*金襴《きんらん》を使い、紺色《こんいろ》の羅紗《らしゃ》を胴体《どうたい》に、赤い羅紗を袖部分《そでぶぶん》に配置し、金糸で縁取《ふちど》りをしてあります。*ラシャとは毛織物のことです。日本では羊類を飼育しませんから全て輸入品です。一四世紀ごろからラシュカ(現在のセルビア南部とモンテネグロ一帯と思われる)で織られ、クロアチアのドゥブロブニクからヨーロッパ諸国に広まりました。それでポルトガル人はラーシャと呼んでいました。その色の配置やデザインも、それまでの日本や中国では見られないものです。

このように、ポルトガル船が運んできたものは、ポルトガルのものだけではありませんでした。当時のポルトガルは決して日本より技術が進んでいるわけではなく、むしろ中国やインドの技術産品や日本の銀、モルッカ諸島のこしょうを求めてアジアに来ていたのです。この陣羽織の内側に使っている中国の絹織物もまた、ポルトガル船が運んできたものです。日本に運んでくる積み荷の約九〇%が中国の生糸《きいと》、絹織物でした。つまり日本はポルトガルという国をあてにしていたのではなく、中国の物資を運んでくれる船が欲しかっただけなのです。ですから、江戸時代になってポルトガル船、スペイン船への渡航禁止令《とこうきんしれい》を出しても、日本はあまり困りませんでした。*オランダ東インド会社が、ポルトガル船の代わりをしてくれたからです。当時の日本にとって、ヨーロッパは便利な運送屋さんに過ぎませんでしたので、差別的な「南蛮《なんばん》(南の野蛮な人)」という呼称《こしょう》を使ったのです。

しかし尊敬の対象ではなくとも、彼らのファッションには極めて強い関心を示し、今でもたくさん残っている南蛮屏風《なんばんびょうぶ》には、詳細《しょうさい》にそれ以前に日本の武将たちは使っていた。

オ　南蛮屏風には、ヨーロッパの人々の衣装が詳細に描かれているが、日本人はそのファッションに興味を示さなかった。

問二　はじめさんは、―――線部「クロアチアのドゥブロブニク」に興味を持ち、調べてみました。次の文はその結果をまとめたものです。文中の空らんにあてはまる国際連合の機関名を書きなさい。

> ドゥブロブニクは、貿易によって栄えた都市で「アドリア海の真珠」とも言われる美しい街並みがあります。旧市街は（　　　）によって世界文化遺産に登録されています。

問三　戦国時代や江戸時代に、ポルトガルは何を求めてアジアに来ていたと筆者は述べていますか。二十八字でぬき出して書きなさい。句読点（。、）や（「」）などの記号は、それぞれ字数に数えます。

問四　本文を読んだはじめさんは、これまでも日本がさまざまな文化を取り入れてきた歴史を思い出し、まとめてみました。空らんａには中国の当時の国名を、空らんｂには、あてはまる言葉を十～十五字で書きなさい。

> 七世紀の日本では、聖徳太子が、（　ａ　）に習い、（　　　ｂ　　　）ために、中国に使者を送り、進んだ制度や文化、学問を取り入れた。

問３　遊園地には，【図１】のような観覧車があり，16 台のゴンドラが円周上に等間かくで設置されています。ゴンドラは時計回りに一定の速さで動いており，乗り降りは最も低い☆の位置で行います。ゴンドラに乗り始めてからの時間と，ゴンドラが動いた角度（【図２】のＡ）の関係は【表３】のようになります。ただし，乗り降りに時間はかからないこととします。

【図１】

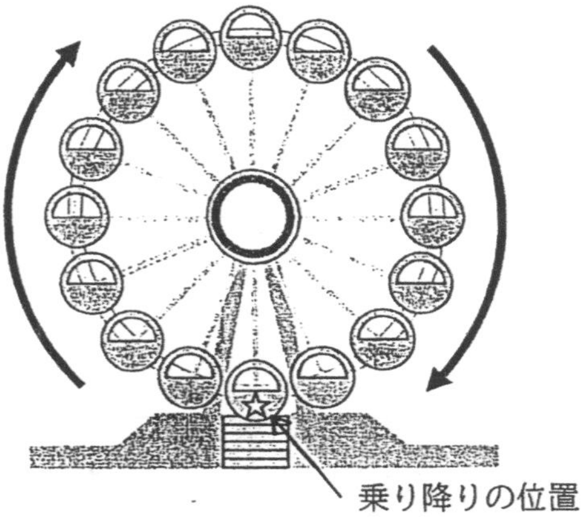

【図２】

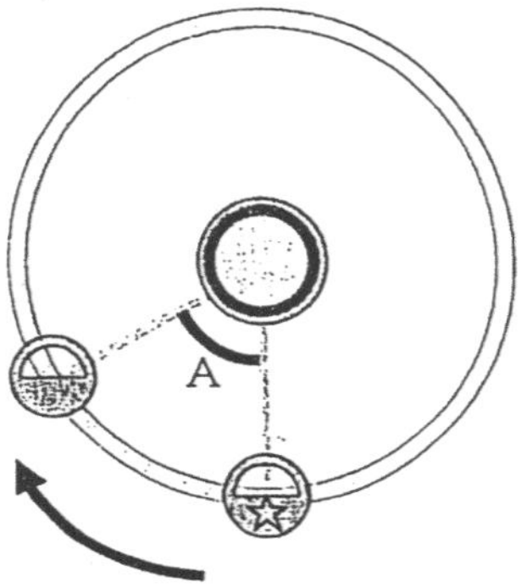

【表３】

乗り始めてからの時間（分）	1	2	3	
ゴンドラが動いた角度	20°	40°	60°	

(1) ゴンドラが１周するのに何分かかるか求めなさい。

(2) はじめさんがゴンドラに乗り，さくらさんがその４分 30 秒後に別のゴンドラに乗りました。はじめさんが乗ったゴンドラと，さくらさんが乗ったゴンドラが最初に同じ高さになるのは，さくらさんが乗ってから何分何秒後か求めなさい。

問４　はじめさんのクラスは全員で 40 人です。そのうち，ジェットコースターに乗った人は 24 人，ジェットコースターに乗って観覧車に乗らなかった人は６人，どちらにも乗っていない人は４人でした。このとき，観覧車に乗ってジェットコースターに乗らなかった人は何人か求めなさい。

２　はじめさんは，さまざまな回路について調べました。各問いの回路の図は模式的に表しており，使用した豆電球，かん電池，導線はすべて同じ種類のものとします。各問いに答えなさい。

問１　はじめさんは，豆電球とかん電池と検流計を導線でつないで【図１】のような回路をつくりました。このとき，検流計の針は【図２】のようにふれました。この結果をもとに，次の①と②の回路の中の検流計の針のふれ方として最も適切なものを，それぞれ下のア～エから１つ選び，その記号を書きなさい。

【図１】

【図２】

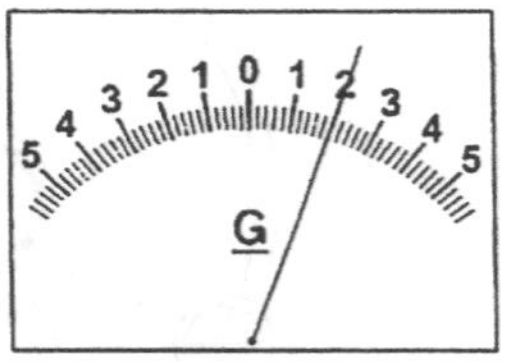

①

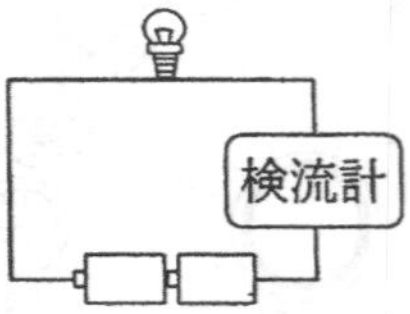

②

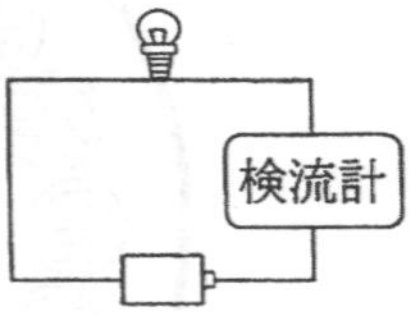

ア

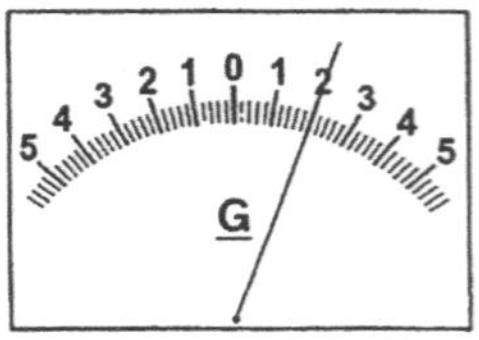

イ

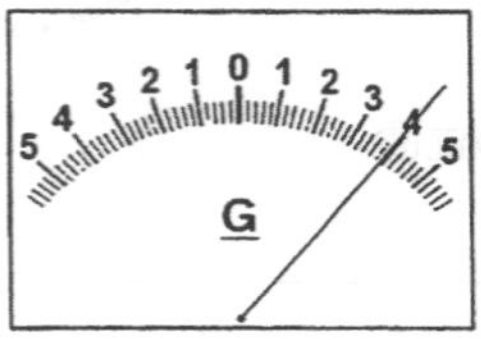

ウ

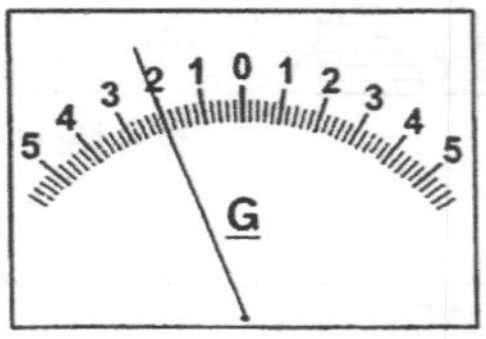

エ

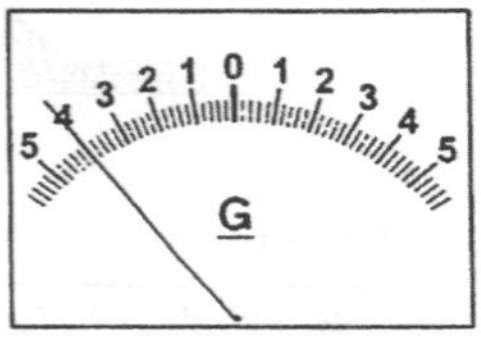

問２　はじめさんは，豆電球とかん電池の数，つなぎ方を変えて，次の①～⑥のような回路をつくり，それぞれの回路での豆電球の明るさを調べて，【表】にまとめました。ただし，豆電球の明るさは３段階のいずれかで，△（暗い），○（明るい），◎（とても明るい）で表しています。

①

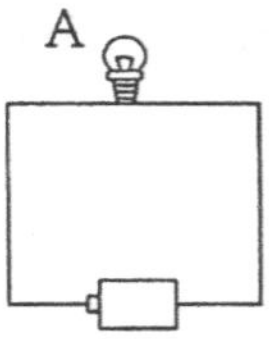

②

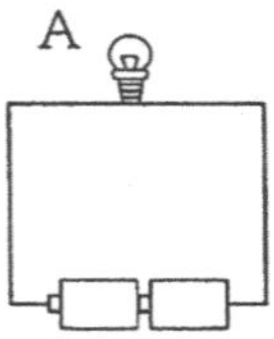

③

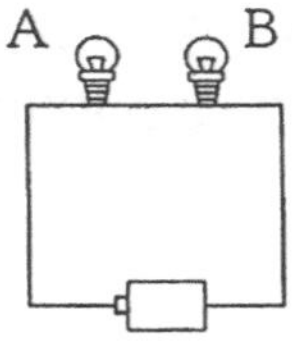

④

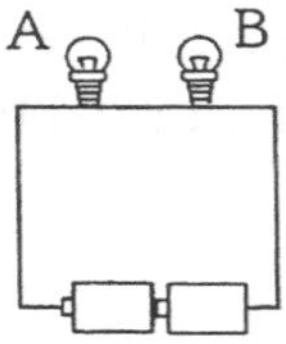

⑤

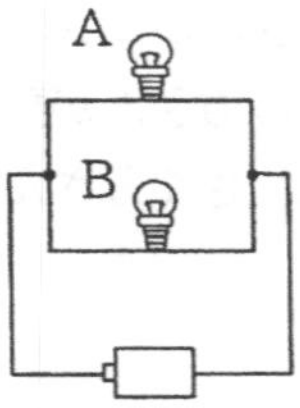

⑥

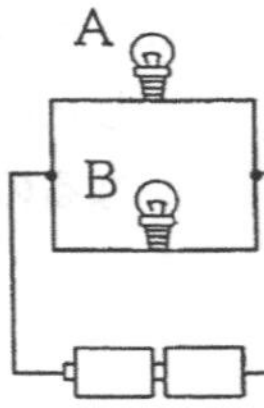

【表】

豆電球の明るさ	回路①	回路②	回路③	回路④	回路⑤	回路⑥
A	○	◎	△	○	○	◎
B			△	○	○	◎

△…暗い　　○…明るい　　◎…とても明るい

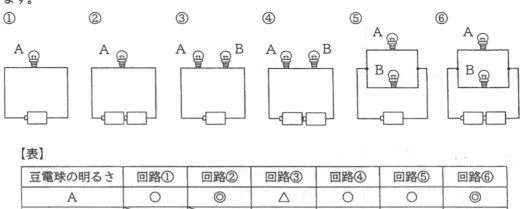

3　はじめさんは，クモの巣の構造に興味をもち，調べることにしました。各問いに答えなさい。

＜クモの巣（クモの網《あみ》）＞

いっぱんにいわれる「クモの巣」は，すむためのものではなくえさとなる虫をとるためのもので，正しくは「クモの網」といいます。クモはさまざまな種類の糸を出すことができ，「クモの網」をつくるときには，必要に応じて糸を使い分けています。例えば，橋糸やタテ糸，足場糸といわれるねばねばしない糸や，ヨコ糸といわれるねばねばする糸などがあります。【図１】は，あるクモの「クモの網」のつくり方を説明したものです。

【図１】

①糸を風にのせて流し，木の枝などにつくと，何度か往復して丈夫《じょうぶ》にする。これを，「クモの網」の土台となる橋糸という。

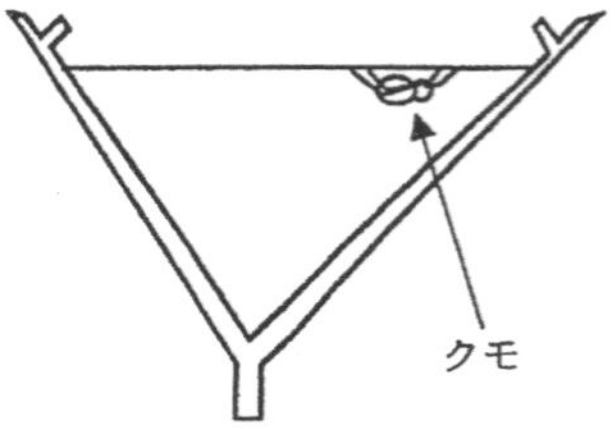

②橋糸の中央からぶら下がり，３本のタテ糸をはる。

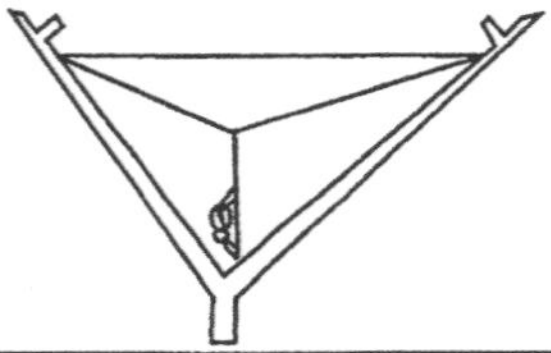

③中心から放射状に出るタテ糸をはる。

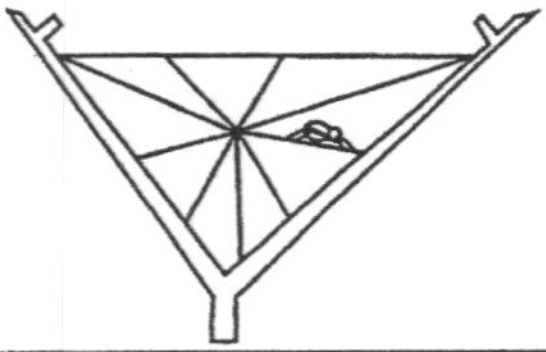

④タテ糸が完成すると，中心から外側にむかって，点線のように足場糸をはる。

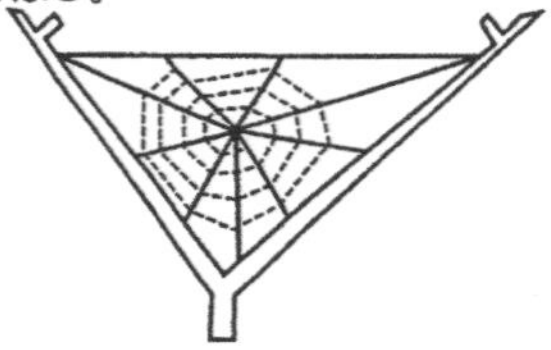

⑤足場糸を外して，かわりにヨコ糸をはり，「クモの網」が完成する。

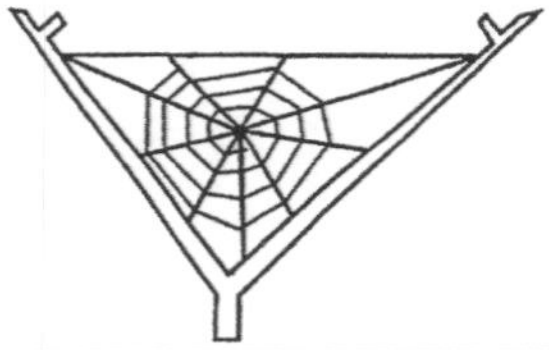

問１　はじめさんは，自宅の庭で「クモの網」を見つけ，観察しました。しばらくすると，【図２】のように虫がくっつきました。このとき，Aの位置にいたクモは，【図２】の矢印のように進み，虫にたどりつきました。このように進んだ理由を，上の＜クモの巣（クモの網）＞を参考にして説明しなさい。

【図2】

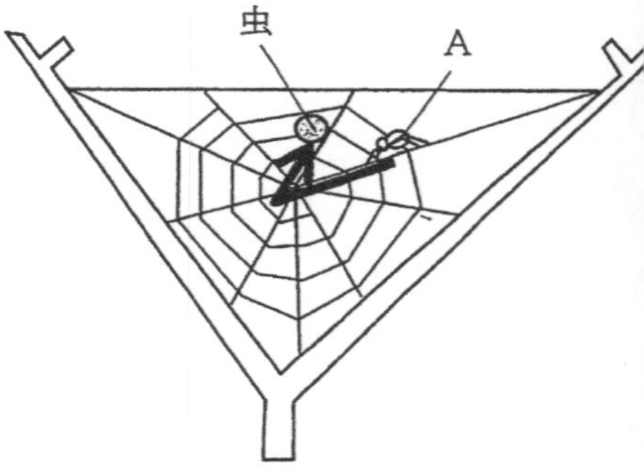

問２　クモなどの生き物は，えさとなる虫などをからだに吸収されやすい形に変え，その中にふくまれている養分や水をからだにとり入れて生きています。このように，生き物が食べ物を食べるときに，からだに吸収されやすい形に変えることを何といいますか。

受検番号	

令和6年度奈良市立一条高等学校附属中学校入学者選抜

適性検査Ⅰ　解答用紙

問題番号	一
答え	問一　Ⓐ　Ⓑ
	問二
	問三
	問四
	問五　（一）　a　b　（二）　c
	A　には　B　と　C　を身につけていかなければならない。
採点	

※100点満点

得　点
※

※

問一．２点×２
問二．４点
問三．４点
問四．４点
問五．５点×３
問六．A～C…３点
作文…12点

受検番号	

令和６年度奈良市立一条高等学校附属中学校入学者選抜

適性検査Ⅱ　解答用紙

問題番号			答え	採点
1	問１		時速　　　　km	
	問２	(1)	［説明］ 円	
		(2)	通り	
	問３	(1)	分	
		(2)	分　　　　秒後	
	問４		人	
2	問１		①　　　　②	
	問２		A　　　　B　　　　C	
	問３			

2024(R6) 一条高附属中
教英出版　解答用紙２の２

※

得点	※

※100点満点

		答　　え	採　点
問４	(1)	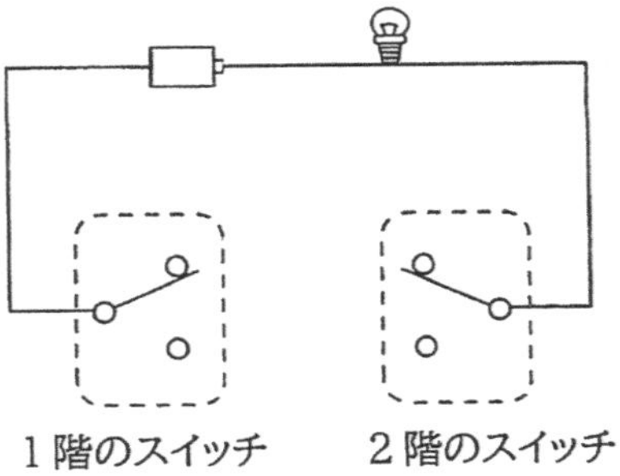	
	(2)		
問１			
問２			
問３	(1)		
	(2)		

1 問１．７点
問２．(1)説明…４点
　　　　答え…３点
　　(2)７点
問３．７点×２
問４．７点

2 問１．完答６点
問２．完答６点
問３．完答６点
問４．６点×２

3 問１．７点
問２．７点
問３．７点×２

150
120

二

問一
（一）
a
b
（二）
（三）

問二

問三

問一．（一）３点×２
（二）５点
（三）５点
問二．６点
問三．６点

三

問一
・

問二

問三

問四
a
b

問一．完答６点
問二．６点
問三．６点
問四．ａ．３点
ｂ．５点

問３　次に，「クモの網」をつくるときに使われるタテ糸とヨコ糸の性質について調べました。
【グラフ】は，あるクモのタテ糸とヨコ糸を引っ張ったときの，引っ張る力と，糸がのびた割合の関係を表しています。糸がのびた割合とは，もとの糸からのびて長くなった部分の長さを，もとの糸の長さを基準にして百分率で表したものとします。また，【グラフ】の点線で囲まれた部分は，糸が切れたことを表しています。

【グラフ】

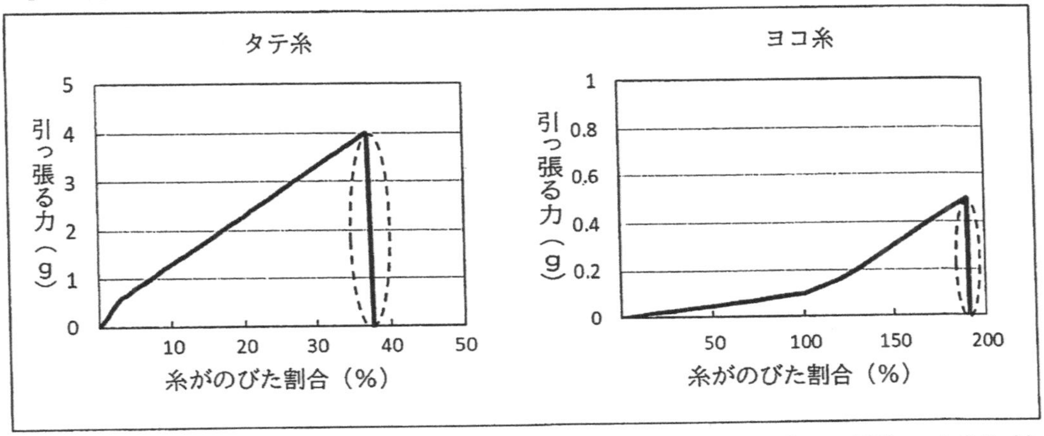

（日本家政学会誌，Vol.66，No.10（2015）「クモの糸の不思議」より作成）

(1)　2cmのヨコ糸を0.3gの力で引っ張ったときのヨコ糸の長さとして最も適切なものを，【グラフ】をもとに次のア～エから１つ選び，その記号を書きなさい。

ア　1cm　　イ　3cm　　ウ　5cm　　エ　7cm

(2)　タテ糸とヨコ糸の性質として最も適切なものを，【グラフ】をもとに次のア～エから１つ選び，その記号を書きなさい。

ア　タテ糸は，ヨコ糸より丈夫《じょうぶ》で，のびにくい。
イ　タテ糸は，ヨコ糸より丈夫で，のびやすい。
ウ　ヨコ糸は，タテ糸より丈夫で，のびにくい。
エ　ヨコ糸は，タテ糸より丈夫で，のびやすい。

問４　はじめさんは，家の照明やその回路について調べました。階段には，１階と２階のちょうど中間に照明が１つあり，その照明は，１階と２階のどちらのスイッチでもつけたり消したりすることができます。また，台所ではＬＥＤを照明として使っています。

(1)　【図５】は，はじめさんの部屋の照明の回路を表したものであり，１つのスイッチで照明をつけたり消したりすることができます。一方，【図６】は，階段の照明の回路の一部を表したものです。【図６】の２つのスイッチの間を導線でつなぎ，１階と２階のどちらのスイッチでも，照明をつけたり消したりできるような回路をかきなさい。

【図５】部屋の照明の回路

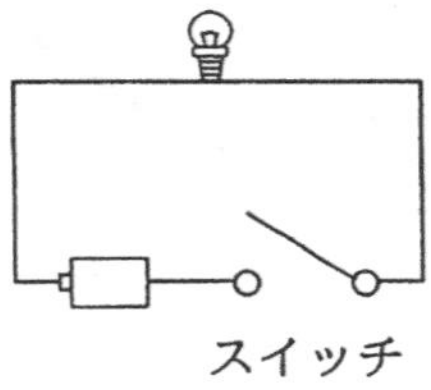

【図６】階段の照明の回路の一部

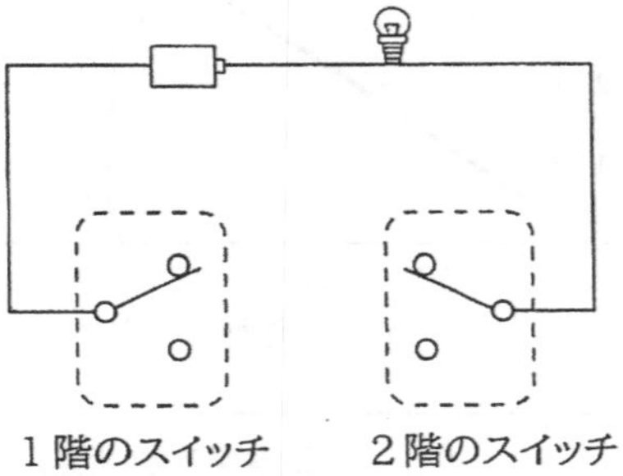

(2)　ＬＥＤには，【図７】のように長さの異なる２本の端子があります。はじめさんは，次の⑦，⑧のような２つの回路をつくり，それぞれの回路に検流計をつなぎました。その結果，⑦の回路ではＬＥＤがついたのに対し，⑧の回路ではＬＥＤがつかず，検流計の値は０を示しました。この結果からわかるＬＥＤの性質を，「電流」ということばを使って書きなさい。

【図７】ＬＥＤ

⑦

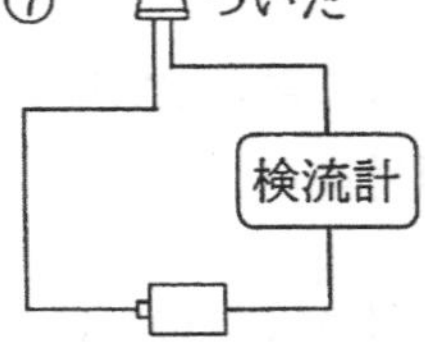

⑧

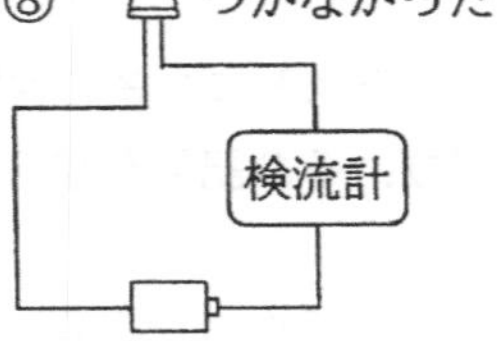

【表】の結果をもとに，次の回路の中の豆電球A～Cの明るさとして最も適切なものを，それぞれ△，○，◎から１つ選び，その記号を書きなさい。

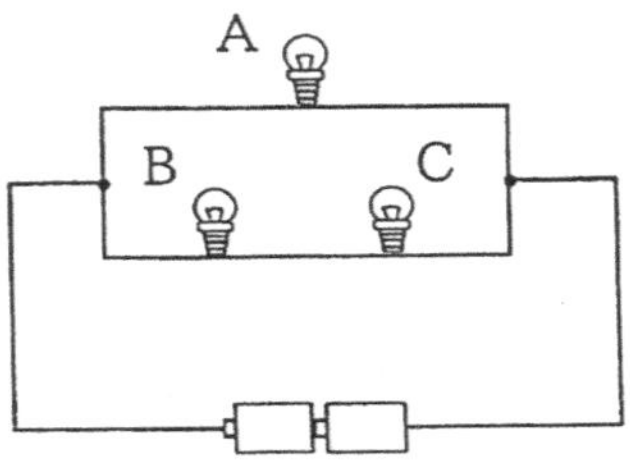

問３　はじめさんは，【図３】のような，あ～えの４本の端子《たんし》がついた箱を見つけました。箱の内部は外から見えないようになっており，内部で端子に導線やかん電池をつないで回路をつくることができます。内部で導線とかん電池をつないで箱を閉じ，【図４】のように，箱の上部の端子に豆電球を１個つなぎました。**あ**と**い**につないだとき，**あ**と**え**につないだときのどちらの場合も豆電球がつき，このときの明るさはどちらも問２の【表】の○と同じでした。この結果から，箱の内部の導線とかん電池のつなぎ方として適切なものを，下のア～カからすべて選び，その記号を書きなさい。

【図３】

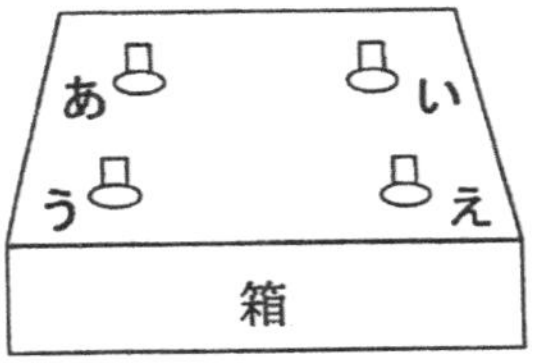

【図４】

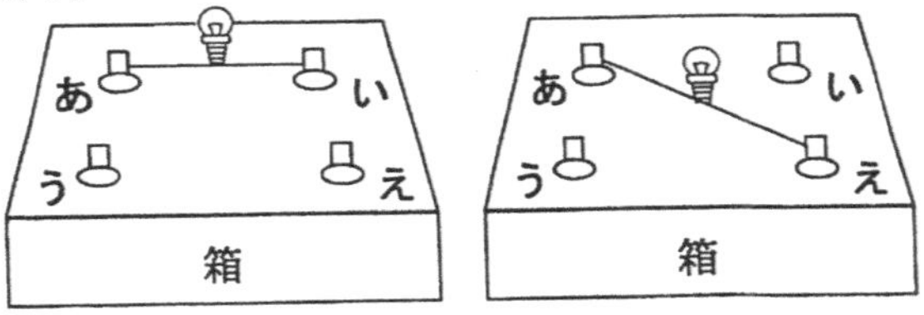

ア

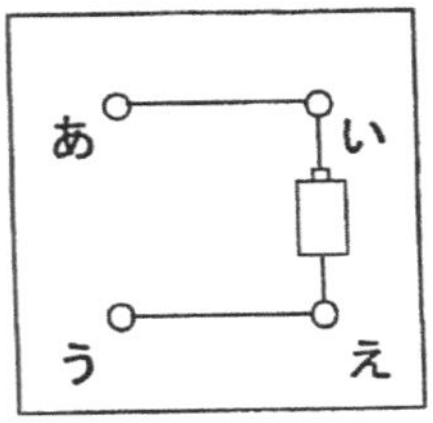

イ

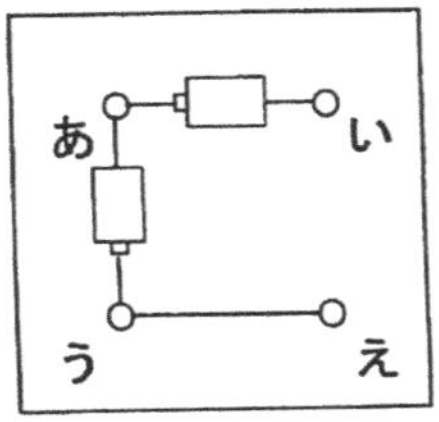

ウ

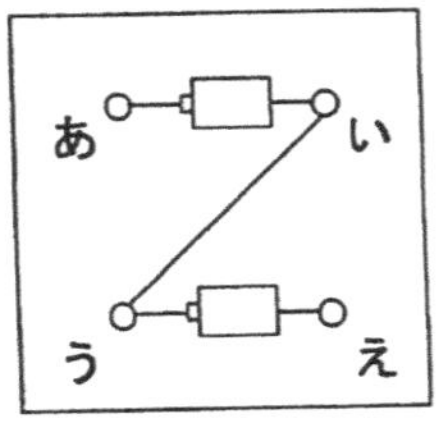

エ

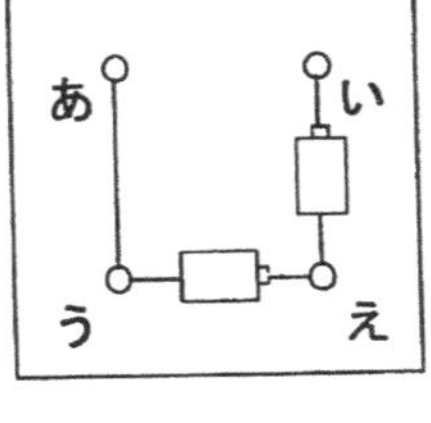

オ

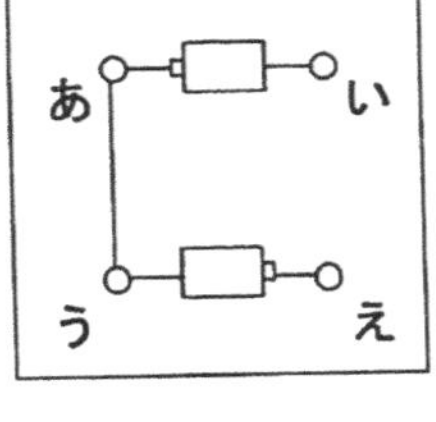

カ

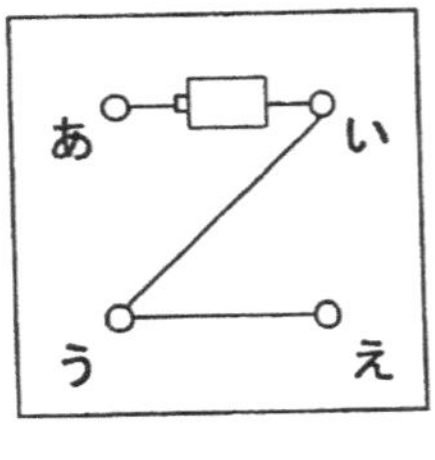

令和６年度奈良市立一条高等学校附属中学校入学者選抜　適性検査Ⅱ　問題用紙

（45分）

1　はじめさんとさくらさんは，遠足で遊園地に行きます。各問いに答えなさい。

問１　９分間で 7200m 進むバスで遊園地に行くとき，バスの速さは時速何 km か求めなさい。ただし，バスは一定の速さで進むこととします。

問２　【表１】は，乗り物券とフリーパス（乗り物の乗り放題券）の料金を表しており，【表２】は，５つの乗り物について，それぞれに乗るために必要な乗り物券の枚数を表しています。

【表１】

乗り物券		フリーパス
1 枚券　120 円	10 枚つづり　1000 円	2200 円

【表２】

乗り物	必要な乗り物券の枚数（枚）
ジェットコースター	7
観覧車	6
ゴーカート	3
メリーゴーランド	2
コーヒーカップ	2

(1) はじめさんは，ジェットコースター，観覧車，ゴーカート，メリーゴーランドにそれぞれ１回ずつ乗ります。かかる料金を一番安くするためには，どのように券を買えばよいか説明しなさい。また，そのときの料金を求めなさい。

(2) さくらさんは，【表２】の５つの乗り物のうち，３つに乗ります。さくらさんが持っている乗り物券の枚数が 14 枚であるとき，３つの乗り物の組み合わせは，全部で何通りあるか求めなさい。ただし，同じ乗り物には２回以上乗らず，また，券が余ってもよいこととします。

三　はじめさんは戦国時代や江戸時代の文化について学ぶために次の文章を読みました。各問いに答えなさい。

戦国時代や江戸時代、人々は何を着ていたでしょう？そう、むろん和服(着物)ですよね。では、和服とはどういう衣装《いしょう》ですか？今、結婚式《けっこんしき》や七五三、成人式で着る衣装、あるいは男性なら落語家さんたちが着ている衣装や、時代劇ドラマの中の衣装を思い浮《う》かべると思います。

では、あれらの衣装はどこから来たのでしょうか？和服を売る店を「*呉服屋《ごふくや》」と言います。和服は実は、和=日本の服ではなく、中国の呉の服なのです。中国古代を舞台《ぶたい》にした映画では、日本の着物とそっくりな衣装を着ていることに気づくと思います。首の前でえりを合わせる方法は、韓国朝鮮《かんこくちょうせん》のチマチョゴリも同じで、これも中国から来た衣装です。琉球王国《りゅうきゅうおうこく》(現在の沖縄)も同じ形の衣装です。*ブータンでは今でも男性の正式な衣装は、日本の着物と全く同じ形をしています。これらはすべて中国由来で、着物は正確に言えば東アジア共通の衣装なのです。

しかし違《ちが》っていることもあります。たとえば袴《はかま》や*羽織です。これらは日本で独自に発明され、付け加えられたと思われます。着物を見ていると日本にはズボンが無いかのように思えますが、実は袴に代表されるズボン系の衣類は実に豊かです。カルサンとか「たっつけ」と呼ばれる、足首のところがすぼまっているズボンは、戦国時代の男性も江戸時代の男性もよく穿《は》いていました。カルサンというのはポルトガル語です。中国由来の着物に、ポルトガル由来のズボンを穿いていたというわけです。

たとえば、上杉謙信(一五三〇～七八)が穿いていたと言われてい

彼らの衣装が描《えが》かれています。宣教師と商人は描き分けられ、船員と船長、*マレー系かインド系と思われる使用人たち、荷揚《にあ》げされる動物たちも、実に詳《くわ》しく描かれました。そのような関心が、ファッションの導入につながったのです。日本人は何より、ポルトガル人のファッションを面白《おもしろ》いと思ったのです。

(田中優子《たなかゆうこ》『グローバリゼーションの中の江戸』岩波ジュニア新書による)

*呉 ……… 中国の南部にあった国
*ブータン…… 南アジアに位置する国
*羽織 ……… 着物の上に重ねて羽織るもの
*上流社会 … 社会的、経済的地位の高い人たちで構成される社会
*陣 ……… 戦時の軍隊のいるところ
*金襴 ……… 絹織物に金糸で模様を織り出したもの
*ラシャ …… 羅紗のこと
*オランダ東インド会社 … アジア地域との貿易のためにつくられたオランダの会社
*マレー系 … マレー語を話す人

問一　筆者が述べているボタンとズボンの歴史的背景として、適切なものを、次のア～オから二つ選び、その記号を書きなさい。

ア　東アジア共通の衣装である着物に袴を付け加えているのは、日本独自の組み合わせである。

イ　ズボンは、戦国時代や江戸時代から穿かれていた、中国由来のものである。

ろした画像を作成しました。畝傍山を見下ろした画像として最も適切なものを、次のア～ウから一つ選び、その記号を書きなさい。
※【図2】およびア～ウの図は、標高を強調し、地形のみをぬきだして作成しています。

【図2】大和三山

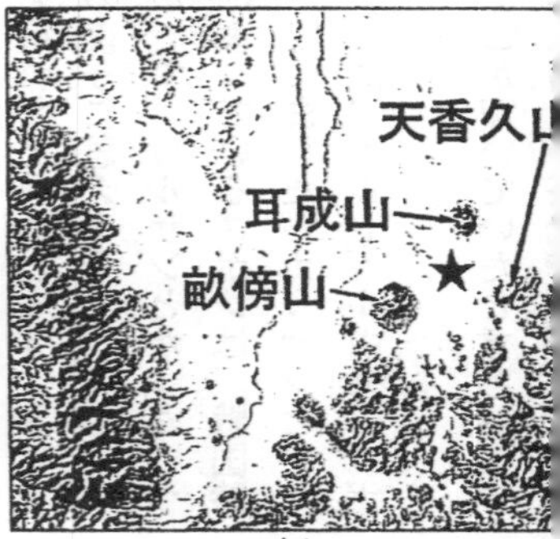

（カシミール3D

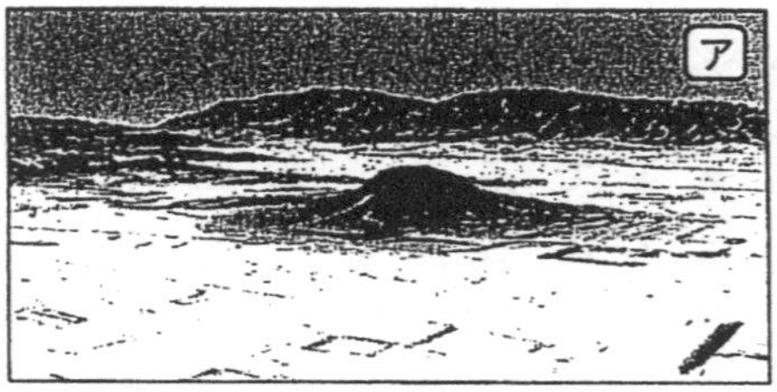

（三）――線部②「古事記や万葉集」とありますが、江戸時代に古事記や万葉集の中に日本人の心をさぐり、「古事記伝」という書物を完成させた人物はだれか書きなさい。

し、情報をウェブサイトで共有できるようにしている。
エ　市民が知らせた道路損傷の情報は、管理者（市）が確認し、デジタル地図で公開されるので、市民は管理者（市）の対応状況もふくめて知ることができる。

【資料1】

＜奈良市道路損傷等通報システムの内容＞

インターネットを通じて、市民が道路や街路灯の不具合を、パソコンやスマートフォンから通報する仕組みです。市民が損傷に気づいた場所と写真を投《とう》稿《こう》すると、管理者（市）が内容を確認し、その情報をデジタル地図上に公開します。同時に、管理者（市）は補修などの対応にあたります。インターネット上のデジタル地図では、損傷場所の写真や細かな情報がのせられています。このデジタル地図は、みんなが活用することができます。

＜デジタル地図での表示内容＞

▽　発見した日：2023年○月○日
▽　発見した人：Ichijo Sakura
▽　写真：損傷場所の写真
▽　発見した時の状況：
　　道路に穴が開いていました。
▽　対応状況：対応中
▽　管理者からのコメント：
　　連絡ありがとうございます。現在対応しておりますのでしばらくお待ちください。

（奈良市ウェブサイトより作成）

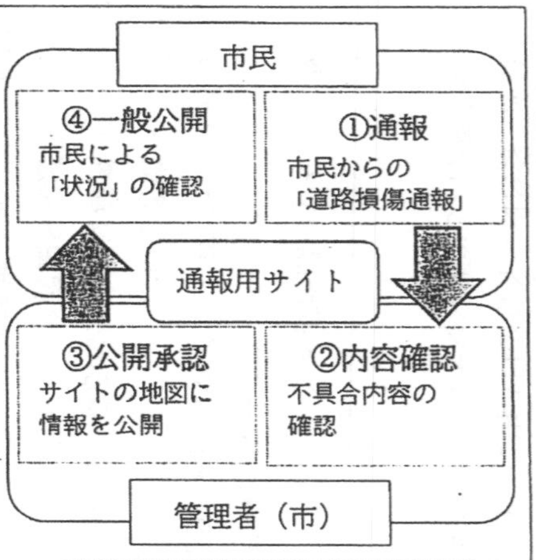

＜利用方法＞
1．ウェブサイトにアクセス
2．投稿画面の呼び出し
3．投稿内容の入力
4．投稿する場所の登録
5．入力内容の確認・投稿
6．投稿データの確認

問四　――線部②「協調学習」とありますが、【文章B】の筆者は、この学習にどのような利点があると考えていますか。最も適切なものを、次のア～エから一つ選び、その記号を書きなさい。

ア　個人が有する多様な視点や価値観、知識やスキルを明らかにできるという利点。

イ　複数の人たちと考えを共有することで、思いもしなかったことを見出せるという利点。

ウ　自分の考えを人に話すことを通して、説明する力が向上するという利点。

エ　複数の人といっしょに学習することで、必ずシナジー効果が生まれるという利点。

問五　【文章A】と【文章B】を読み終わったあと、はじめさんとさくらさんは、「学ぶとは、どういうことなのか」について議論しました。次の会話文を読み、各問いにそれぞれ答えなさい。

はじめ　【文章B】の筆者はグループでの学習の重要性を述べていますが、興味深いのは、一人で（　a　）ことの重要性も述べていることです。

さくら　【文章A】の筆者も、読書で得られるものは、（　a　）機会だと述べています。

はじめ　【文章A】の筆者は、（　a　）ことを通して、（　b　）ことが大切だと言っているのですね。

さくら　そうですね。そのためには、読書だけではなくて、グループでの学習も有効だと言えそうです。

問六　――線部③「他人にはない知識、スキル、考え方を持つには、自分で工夫しながら自分ひとりで学ぶ習慣と学び方を子ども時代に身につけていかなければならない」とあるように、「[A]には[B]と[C]を身につけていかなければならない。」という題名で、次の三つの条件に従って作文しなさい。

条件一　[A]～[C]にそれぞれ言葉をあてはめ、作文の内容をあらわす題名を書きなさい。

条件二　原稿用紙《げんこうようし》の使い方に従って、百二十字以上百五十字以内で、二段落構成で書きなさい。ただし、原稿用紙内に題名と名前は書かないこと。

条件三　第一段落には、題名に関するあなたの経験を書き、第二段落には、第一段落に書いた内容をふまえて、あなたが考えたことを書きなさい。

（苅谷剛彦『知的複眼思考法』による　出題のため一部改編）

*一足飛び……………順序をふまず、先に進むこと
*斜め読み……………細かい部分を飛ばして読むこと
*行間を読んだり………文章には明記されていない筆者の考えをくみ取ること
*吟味…………………くわしく調べること
*複眼思考……………物事を複数の視点から理解しようとする考え方

【文章B】

このごろ「②協調学習」という言葉もよく耳にする。生徒が机におとなしく座《すわ》って先生の話を聞くこれまでの*授業スタイルから、グループでいっしょに作業したり、*ディスカッションしたりするスタイルに変わりつつある。これは*認知科学的《にんちかがくてき》にとても意味があることだ。まず、自分の考えを他の人に話すことは、考えを明確にし、整理するのにとても役立つ。自分でわかったつもりでいたことでも、いざ人に説明しようとするとうまくできないことがある。すると、自分で何が理解できていないのかがわかるのである。

複数の人が集まって考えを出し合うことで、自分では考えつかなかった視点やアイディアに気づくことができるという利点もある。

Ⓑじっさい、社会ではほとんどの*プロジェクトは複数のメンバーで行う。多様な視点、価値観、知識、*スキルが*シナジー効果を生む。*コラボレーションをうまく行うためには経験が必要だ。［Ⅱ］、学校でコラボレーションによってプロジェクトをまとめる練習をすることはとても大事である。しかし、複数の人が集まれば、いつもプラスになるというわけではない。参加者一人ひとりが*探究エピ

*アンダース・エリクソン：スウェーデンの学者

問一　――線部Ⓐ、Ⓑのひらがなを漢字に直して書きなさい。

問二　空らんⅠとⅡにあてはまる言葉の組み合わせとして、最も適切なものを、次のア～カから一つ選び、その記号を書きなさい。

ア　［Ⅰ］＝たとえば　［Ⅱ］＝だから
イ　［Ⅰ］＝また　［Ⅱ］＝ところが
ウ　［Ⅰ］＝そして　［Ⅱ］＝それとも
エ　［Ⅰ］＝たとえば　［Ⅱ］＝ところが
オ　［Ⅰ］＝また　［Ⅱ］＝それとも
カ　［Ⅰ］＝そして　［Ⅱ］＝だから

問三　――線部①「他のメディアに比べて、時間のかけかたが自由である」とは、どういうことですか。筆者が説明していることとして、最も適切なものを、次のア～エから一つ選び、その記号を書きなさい。

ア　活字メディアでは、新聞紙やテレビ放送など他のメディアより、受け手自身が内容を理解するペースを調整しやすいこと。
イ　活字メディアでは、他のメディアが意図的に発信するありきたりの「常識」を疑う時間があること。
ウ　活字メディアでは、一部の章を飛ばして読むことではじめて著者の主張を予想するための時間を確保できるということ。
エ　活字メディアでは、文章を読み進めるだけでなく、ときには読み返せるので、考えるゆとりがあること。

（45分）

一　次の文章を読み、各問いに答えなさい。

この本には、ふつう言われることとは逆のことがいくつか書かれています。その一つは「①コミュニケーションは虫食い状態でなされているのが常態である」ということでした。【　あ　】

「虫食い」というのは「相手が言っていることがよくわからない」、「話がよく聞き取れない」、「*ロジックがうまく辿《たど》れない」といったことです。「虫食い」状態で、断片的にしかあたえられていない情報をなんとかしてつないで文脈を形成する力、それが僕《ぼく》は本来のコミュニケーション能力だと思います。【　い　】

コミュニケーションの起源的な形態は、まだ人語を解さない赤ちゃんが、親から語りかけられる経験です。この語りかけを通じて、赤ちゃんは表情筋の使い方を学び、身体運用を学び、感情を学び、*観念を学びます。いまだ言語を解さない赤ちゃんに向かって母親はⒶねっしんに語りかけます。これはコミュニケーションと呼ぶほかない。というか、これ以上に濃密《のうみつ》なコミュニケーションを見出すことはむずかしい。［　Ⅰ　］、このとき赤ちゃんは、親の語る言葉の*コンテンツはまったく理解していません。【　う　】

②コンテンツが理解できなくてもコミュニケーションは成立します。*母語はまだ一語も理解できない赤ちゃんでも、ひとつだけはっきり理解できることがあるからです。それは「このメッセージのあて先は私だ」ということです。

実際には、「メッセージ」という*概念《がいねん》も、「私」という概念も赤ちゃんにはありません。［　Ⅰ　］、「あて先」ということは身体的実感としてわかる。自分の顔をまっすぐみつめて、息のかかるほど近くから、やわらかい波動が送られてくる。何か「温かいもの」、生きる力を高めるものが、自分に触《ふ》れてくることがわかる。

「私があて先である」というこの身体感覚が、コミュニケーションの原点であり、「*自我」という概念の生成のⒷきてんだと僕は思います。【　え　】

僕たちは全員が、まったく母語を知らない段階からスタートして、Ⓒ短期間のうちに、母語の語義を理解し、文法構造を体得し、*音韻《おんいん》を操るようになります。これはほとんど奇跡《きせき》と呼んでよいと思います。［　Ⅰ　］、この奇跡を経験せずに成長したものはおりません。

ということは、「あて先」さえ正しく*照準されていれば、コミュニケーションはほとんど成立しているということになります。コミュニケーションの成立要件はひとことで言えば、「これは私あてのメッセージだ」という身体的な直感です。それだけです。それだけで足りる。語の*一義性であるとか、論理の整合性とか、滑舌《かつぜつ》の明瞭《めいりょう》さとかいう条件はすべて*副次的なものにすぎません。

（内田樹《うちだたつる》『内田樹による内田樹』文春文庫刊による
出題のため一部改編）

＊ロジック……議論の筋道
＊観念……意識内容
＊コンテンツ…中身
＊母語……幼いときに自然に習得する言語
＊概念……意味内容
＊自我……自分自身に対する意識
＊音韻……言葉の音と響《ひび》き
＊照準……ねらいを定めること
＊一義性……意味が一種類であるさま
＊副次的……主となるものに対して付属したもの

問一　――線部Ⓐ、Ⓑのひらがなを漢字に直して書きなさい。

問二　――線部Ⓒの「短期間」と同じ熟語の構成であるものを、次のア～エから一つ選び、その記号を書きなさい。

ア　銀河系
イ　高性能
ウ　運動場
エ　衣食住

問三　［　Ⅰ　］には、同じ接続する語句があてはまる。適切なものを、次のア～エから一つ選び、その記号を書きなさい。

ア　でも
イ　ゆえに
ウ　そして
エ　さらに

問四　――線部①「コミュニケーション」とありますが、筆者はコミュニケーション能力をどのような力だと考えていますか。三十六字でぬき出して書きなさい。

問五　――線部②「コンテンツが理解できなくてもコミュニケーションは成立します」とありますが、コミュニケーションが成立するために何が必要だと筆者は述べていますか。『この「メッセージ」の』に続くよう、本文中の言葉をもちいて、十五～二十字で書きなさい。句読点（。、）や（「」）などの記号は、それぞれ字数に数えます。

この「メッセージ」の［　　　　　　　　　　］

問六　本文からは次の一文がぬけています。この文があてはまるところを本文中の【　あ　】～【　え　】の中から選び、その記号を書きなさい。

> そこからしかコミュニケーションは始まらないし、主体も立ち上がらない。

問七　筆者の考えとして最も適切なものを、次のア～エの中から一つ選び、その記号を書きなさい。

ア　コミュニケーションは、お互いに理解し合える言語とロジックがあるからこそ、考えや気持ちが通じ合い、成立するものである。
イ　コミュニケーションは、自分に向けられた好意に対して、自分の感情を的確に表現し、相手に伝えることである。
ウ　コミュニケーションにおいて、「自我」という概念の生成の基本となるのは、親の言葉の「コンテンツ」を理解することである。
エ　コミュニケーションにおいて、「相手の言っていることがよくわかる」、「話が聞き取りやすい」、「ロジックを辿れる」などは副次的なものである。

二　選挙に関心をもったはじめさんとさくらさんは、選挙に関する資料を作成しています。各問いに答えなさい。

【資料1】

選挙法公布年	選挙権資格	人口比率
1889（明治22）	直接国税15円以上を納める満25歳以上の男子	1.1%
1900（明治33）	直接国税10円以上を納める満25歳以上の（　A　）	2.2%
1919（大正8）	直接国税3円以上を納める満25歳以上の（　B　）	5.5%
1925（大正14）	満25歳以上の（　C　）	20.1%
1945（昭和20）	満20歳以上の（　D　）	51.2%
2015（平成27）	満18歳以上の男女	（　①　）%

問一　資料1は、選挙権資格の移り変わりを表にしたものです。資料1の空らんA～Dのうち、「男女」の語が入るものを全て選び、その記号を書きなさい。

問二　資料2は、2015年の日本の年齢別人口の割合を示したものです。資料1の空らん①にあてはまる数を、資料2のグラフを参考に、次のア～エから一つ選び、その記号を書きなさい。

ア　65.4　　イ　73.5　　ウ　84.5　　エ　92.1

【資料2】

2015年の日本の年齢別人口の割合（%）

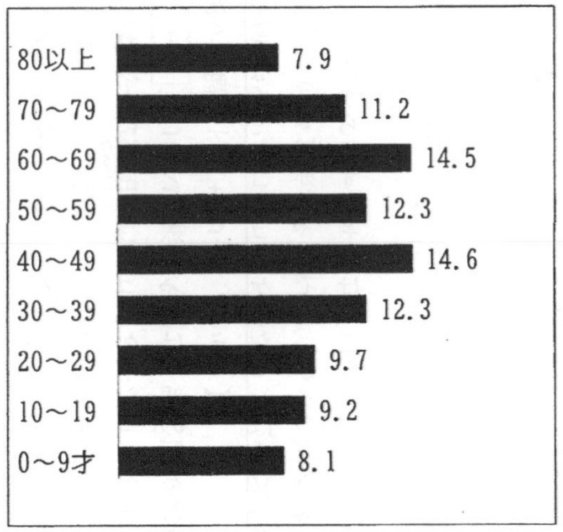

（総務省統計局の資料より作成）

問三　はじめさんは、資料1と学校で学んだ歴史のことがらを結び付けてまとめようと考えています。1889年から1945年の間のできごとである次のア～エを、起こった年代の古い順に並べかえ記号で書きなさい。

ア　ヨーロッパで第一次世界大戦が起こると、日本もこの戦争に加わり、戦勝国の一つとなった。

イ　日清戦争に勝利した日本は、清から賠償《ばいしょう》金をとり、台湾などを日本の植民地にした。

ウ　日本が降伏し、アジア、太平洋の各地を戦場とした太平洋戦争が終わった。

エ　天皇が国民にあたえるという形で、大日本帝国憲法が発布された。

問四　次の会話文は、二人が住んでいる市で市長選挙が行われた後のものです。また資料3は、その選挙の結果がまとめられたものです。文中の空らん②、③にあてはまる数を書きなさい。

さくら　私は、先日の一条市長選挙の結果を見て気になることがありました。資料3を見てください。

【資料3】

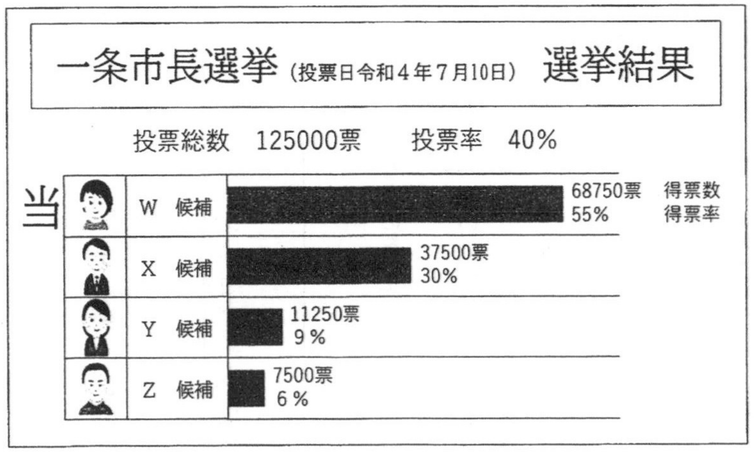

はじめ　W候補が、過半数の55%の票を獲得して当選したのですね。

さくら　そうです。しかし、一条市の有権者は（　②　）人いるので、そのうちの68750票となると、（　③　）%の票しか獲得していないとも言えます。

はじめ　今回の選挙では、④自然災害に備えるための市の取り組みについても議論が行われていましたね。

さくら　選挙は、私たちの生活に深く関係しています。選挙権を得たら必ず投票に行こうと思います。

問五　会話文中に――線部④「自然災害に備える」とありますが、自然災害や、自然災害に備えるための取り組みについての説明として正しいものを、次のア～オから二つ選び、その記号を書きなさい。

ア　津波災害は、強い台風によって海水が大きく動くことによって起こる。

イ　緊急地震《きんきゅうじしん》速報は、大きな地震が発生したときに、強いゆれが予想されることをテレビやラジオ、スマートフォンなどで伝えられる。

ウ　気象庁は、火山災害に備え全国の火山を観測しているが、日本には現在活動している火山はない。

エ　ハザードマップには、自然災害による被害が予想される範囲や避難《ひなん》場所、避難経路などが示されている。

オ　市町村が、防災のための法律を制定し、その法律にもとづいて、避難所や防災センターの建設などが計画的に進められる。

三　次の文章を読み、各問いに答えなさい。

日本に地球儀《ちきゅうぎ》がいつ頃《ごろ》伝来し、最初にそれを見た人物はだれか、それを知る史料（資料）はない。しかし少なくとも、まずは①球体説を知り、その上で地球儀をながめたというのが順序であろう。以下にふれるように、一六世紀後半には球体説は②織田信長らに知られていた。とはいえ、この大地が球体の一部であるといわれても実感するのは確かに容易ではなかっただろう。

＊朱子《しゅし》学者、林羅山《はやしらざん》は慶長《けいちょう》一一（一六〇六）年、京都の＊南蛮《なんばん》寺でイエズス会士ハビアンと③地球儀を挟《はさ》んで論争する。

羅山　「地球に上下があるのか？」

ハビアン　「地中が下である。地の上を天とする。また、地の下も天である。私の国は、船によって大洋を航海する。東に向かってずっと行くと、それは西にあたる。西に向かってずっと行くと東にあたる、このことは、地球儀で知ることができる。」

羅山　「そのような理屈《りくつ》は理解できない。地の下がどうして天なのか？　万物をみるに、すべて上と下がある。上と下がないというのは、おかしい。……地の形が円というのは、悲しいことではないか。朱子がいうには、天の半分は地下をめぐっている。このことを、あなたは知らない。」

ハビアン　「南北があって東西がないということだ。」

羅山　「南北があるのは、分かっている。どうして東西がないのか」

といった調子で議論が続く。羅山にとって、円形の天と方形の地の組み合わせからなる天円地方の宇宙観は断固として主張すべきものであった。

江戸《えど》時代後期になってもまじめに「天動説・地球平面説」を信じ、ヨーロッパからもたらされた「地動説・地球球体説」に異論を唱えた僧侶《そうりょ》がいた。

大阪歴史博物館の学芸員の井上智勝《いのうえともかつ》氏が、大阪町人の天文学者間重富《はざましげとみ》の著書『劈邪論《へきじゃうん》』に、仏教の僧侶霊遊《れいゆう》の「地球平面説」の考え方が記されていると紹介《しょうかい》している。それは「実験」をともなっている。

約一八〇mの長さの渡《わた》り廊下《ろうか》の端《はし》に高さ約一八cmの船の形をした灯籠《とうろう》に火をつける。廊下の反対側に寝《ね》そべり、船に結《ゆ》わえたひもをゆっくりとたぐり寄せて観察する。そうすると船は上の帆《ほ》の部分がまず見えてきて、徐々《じょじょ》に下の船体が見えてくると霊遊はいう。実際にはそんな現象はないし、水平線で球体説を説明するのと同じことがいえるからといって「地球平面説」が証明できるとするのは無茶な話である。

この実験の手法と解釈《かいしゃく》は納得するわけにはいかないが、そうした事実の次元よりも、「球体説」というヨーロッパ近代科学の産物に対する＊攘夷論《じょういろん》との関わりを読みとることができるだろう。このような仏教的な世界観にこだわる姿と比べると、信長がヨーロッパ文化にいかに積極的に対応していたかがわかる。

球体説を初めて日本で説いたのがスペイン出身のイエズス会宣教師フランシスコ・ザビエルであることは、天文二一（一五五二）年に彼《かれ》がインドからヨーロッパのイエズス会の仲間に送った＊書翰《しょかん》からすでによく知られている。その一節に「④地球の丸いことは、彼等に識《し》られていなかった」とあることが一つの証明となろう。ザビエルは日本人に太陽の運行、月のみちかけ、雨や雪、雷鳴《らいめい》などの自然現象についても説明した。また、ザビエルの後にやってきたイエズス会士たちによってさらに豊かな天文・地理の知識がもたらされた。ルイス・フロイスの『日本史』には、京都の僧侶がイエズス会士に、地球の大きさや個々の国々相互《そうご》のきょり、諸国の特質や風習について質問したことなどが記録されている。

⑤地球が球体であるという地球上での説明がいかに論理的であったとしても、誰《だれ》も地球の外から地球をながめたわけではなかった。宇宙飛行士の野口聡一《のぐちそういち》氏は、宇宙から見た地球についての報道陣《じん》の質問に「地球は丸かったというのが僕《ぼく》の感想」と語ったが、それが地球を外からながめたときの正直な印象であろう。

（千田稔《せんだみのる》『地球儀の社会史――愛しくも、物憂《ものう》げな球体』による
出題のため一部改編）

＊朱子学者　……　儒学《じゅがく》の一種である朱子学の研究者
＊南蛮寺　………　日本に建てられたキリスト教の教会堂
＊攘夷論　………　江戸時代末期にあった、外国勢力の排除をとなえた主張
＊書翰　…………　手紙

問一　――線部①「球体説」を最初に日本に説いたのは誰だと筆者は述べていますか。その人物名を本文中からぬき出して書きなさい。

問二　――線部②「織田信長」とありますが、織田信長は安土の城下町で楽市・楽座をおこない、多くの商人が集まりました。商人が城下町に来た理由として最も適切なものを、次のア～エから一つ選び、その記号を書きなさい。

ア　だれでも商売ができるので、今までのようにもうけられなくなり困ると考えたから。

イ　市場で商売をするための税を納めなくてよくなるので、負担が軽くなって助かると考えたから。

ウ　多額の借金を返済しなくてよくなるので、これからの生活が楽になって安心だと考えたから。

エ　人口が増えて活気が良くなるので、自分の領地を拡大することができてうれしいと考えたから。

問三　――線部③「地球儀を挟んで論争する」とありますが、次の図はハビアンの主張を図式化したものです。Ⅰ～Ⅲにあてはまる語の組み合わせとして適切なものを、次のア～カから一つ選び、その記号を書きなさい。

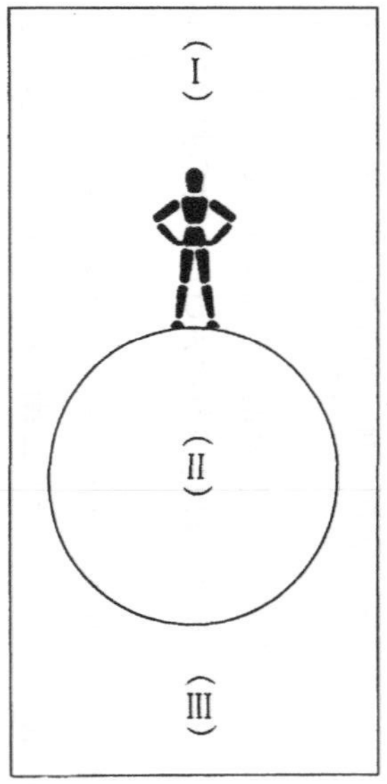

ア　（Ⅰ）地　（Ⅱ）天　（Ⅲ）天

イ　（Ⅰ）地　（Ⅱ）天　（Ⅲ）地

ウ　（Ⅰ）地　（Ⅱ）地　（Ⅲ）天

エ　（Ⅰ）天　（Ⅱ）地　（Ⅲ）地

オ　（Ⅰ）天　（Ⅱ）地　（Ⅲ）天

カ　（Ⅰ）天　（Ⅱ）天　（Ⅲ）地

問四　――線部④「地球の丸いこと」とありますが、地球の模型《もけい》である地球儀についての説明として誤っているものを、次のア～エから一つ選び、その記号を書きなさい。

ア　地球儀は、地球の形をそのまま小さくしているので、陸地や海の形を正しく表すことができる。

イ　地球儀にある経度と緯度《いど》をもちいて、地球上での位置を正確に表すことができる。

ウ　地球儀は、立体的な形をしているので、世界全体を一度にみることができる。

エ　地球儀の縮尺がわかると、地球儀の二点間にひもをはり、そのきょりをはかることで、実際のきょりを計算することができる。

問五　――線部⑤のように「［A］がいかに［B］であったとしても、［C］ではなかった。」という題名で、次の三つの条件に従って作文しなさい。

> 条件一　［A］～［C］にそれぞれ言葉をあてはめ、作文の内容をあらわす題名を書きなさい。
>
> 条件二　原稿《げんこう》用紙の使い方に従って、百二十字以上百五十字以内で、二段落構成で書きなさい。ただし、原稿用紙内に題名と名前は書かないこと。
>
> 条件三　第一段落には、題名に関するあなたの経験を書き、第二段落には、第一段落に書いた内容をふまえて、あなたが考えたことを書きなさい。

(45分)

1　各問いに答えなさい。

問１　次の図は，ある小学校の運動場のトラックを表しています。色のついた部分は，長方形と半径 15m の２つの半円を組み合わせた形になっていて，各レーンのはばは１m です。このトラックを１周するとき，第１レーンと第２レーンで走るきょりを同じにするためには，第２レーンのスタート地点を，第１レーンのスタート地点の何 m 前にすればよいか求めなさい。ただし，各レーンを走るきょりは，各レーンの内側の線の長さで考え，ゴール地点は第１レーンのスタート地点とします。また，円周率は 3.14 とします。

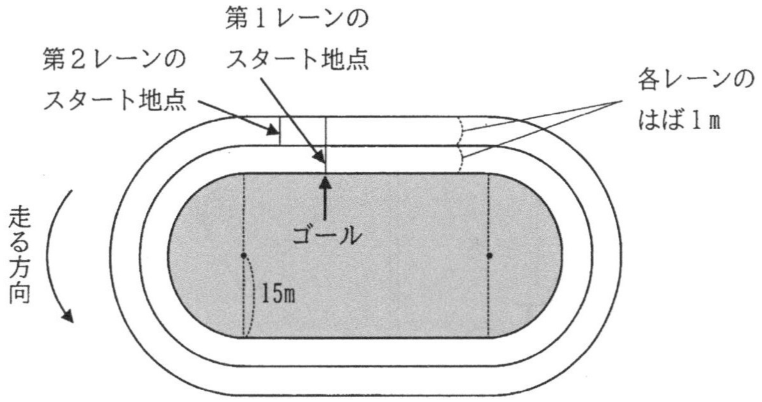

問２　40m ハードル走の直線コースをつくります。ハードルとハードルの間のきょりが等しくなるように，ハードルを５台置きます。スタート地点から１台目のハードルまでのきょりと，５台目のハードルからゴール地点までのきょりがそれぞれ 10m であるとき，次の式は，ハードルとハードルの間のきょりを表しています。ア～ウにあてはまる数を答えなさい。

（ ア －10× イ ）÷ ウ

問３　はじめさん，さくらさん，まことさんの３人が，２人ずつ 100m 走を行います。はじめさんとさくらさん，さくらさんとまことさんの結果は次のようになりました。はじめさんとまことさんが競走すると，はじめさんは何 m 差でまことさんに勝つか求めなさい。また，その求め方を説明しなさい。ただし，３人は常に一定の速さで走ることとします。

・はじめさんは 10m 差でさくらさんに勝った。
・さくらさんは 10m 差でまことさんに勝った。

問４　A，B，C，Dの４チームでドッジボールの試合をします。どのチームも，すべてのチームと１回ずつ対戦することとします。

(1) 試合の組み合わせは，全部で何通りあるか求めなさい。

(2) 試合の結果は次のようになりました。このとき，AとCの試合，BとDの試合について，それぞれ勝ったほうのチームを答えなさい。

・BはAに勝った。
・CはBに勝った。
・DはCに勝った。
・３チームが２勝１敗であった。

問５　６年生 20 人をA，B２つのグループに分け，それぞれ 10 人がソフトボール投げを行いました。

(1) Aグループ 10 人の記録を調べたところ，平均値は 22m でした。次の①～③の考えについて，いつでも正しいといえるものには○を，そうでないものには×を書きなさい。

① 10 人の記録を合計すると，220m である。
② 22m より長い記録の人と，22m より短い記録の人の数は同じである。
③ 一番人数が多い記録は 22m である。

(2) 次の表は，Bグループのア～コの 10 人の記録を表しています。中央値が 29.5m であるとき，エの空らんにあてはまる数を求めなさい。

	ア	イ	ウ	エ	オ	カ	キ	ク	ケ	コ
きょり(m)	27	30	28		32	26	28	35	32	30

2　はじめさんとさくらさんは，消毒用アルコールと水の性質に関心をもち，それらの性質を調べました。次の会話文と実験に関する各問いにそれぞれ答えなさい。

はじめ：消毒用アルコールで手を消毒して，手がアルコールでぬれていると冷たく感じますね。
さくら：そうですね。アルコールが冷たいからでしょうか。
はじめ：アルコールだけではなく，手が水でぬれているときも，同じように冷たく感じます。
さくら：たしかに，お風呂からあがったあとに体がぬれたままでいると，寒く感じますね。
はじめ：そういえば，水やアルコールのような①液体が気体に変わるためには，熱が必要となるそうです。もしかしたら，手や体がぬれている時に冷たく感じるのは，このことと関係があるのかもしれません。
さくら：でも，液体が気体に変わるためには，②液体が沸騰《ふっとう》するまで熱する必要があるのではないでしょうか。
はじめ：沸騰する温度より低い温度でも，液体は気体に変わりますよ。
さくら：ということは，手や体についた水やアルコールが気体に変わるときに，皮ふから［　A　］ので，冷たく感じるのですね。
はじめ：消毒用アルコールの主な成分は，エタノールという液体だそうです。
さくら：それでは，水とエタノールの性質を調べてまとめましょう。

水とエタノールの性質

水
- **無色の液体。**
- **温度が 100℃まで上がると沸騰する。**
- **固体になると，体積が大きくなる。**

エタノール
- **無色の液体。**
- **温度が 78℃まで上がると沸騰する。**
- **気体になりやすく，燃えやすい。**

問１　会話文中の下線部①の変化を何というか，書きなさい。

問２　会話文中の［　A　］にあてはまる言葉を，６字以内で書きなさい。

はじめさんとさくらさんは，水が沸騰して水蒸気に変わるときのようすを観察するために，【図１】の実験装置を組み立てました。ビーカーの中の水を沸騰させ，出てきた水蒸気をろうとからゴム管，ストローを通してポリ袋で集めます。水を熱しはじめてから５分後に水が沸騰し，しばらくするとポリ袋がふくらみ，その中がくもりました。

水を熱しはじめてから 10 分後に，ポリ袋をストローからはずしてポリ袋の口を閉じ，コンロの火を止めました。しばらくすると，ふくらんだポリ袋はもとにもどり，その中に水がたまっていました。

【図１】

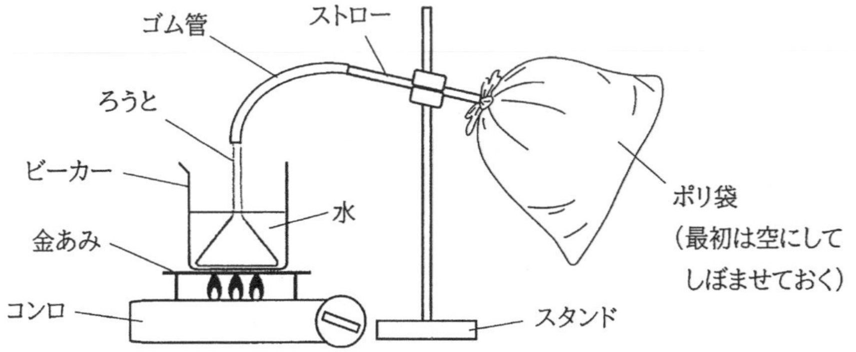

問３　水が水蒸気に変化するとき，体積はどうなりますか。次のア～ウから適切なものを１つ選び，その記号を書きなさい。

ア　大きくなる　　**イ**　小さくなる　　**ウ**　変わらない

問４　水のかわりにエタノールを使って同じ実験をすると，非常に危険です。その理由を書きなさい。

問５　会話文中の下線部②について，やかんで水を沸騰させたときの，やかんの注ぎ口の部分をよく観察すると，【図２】のように，湯気《ゆげ》はやかんの注ぎ口から少しはなれたところからあらわれることがわかります。その理由を書きなさい。

【図２】

3　はじめさんとさくらさんは，学校やその周辺でそれぞれが気になることについて調べました。【図１】は学校とその周辺を真上から見たときのようすと，太陽がちょうど南にきたときの位置を模式的に表したものです。

【図１】

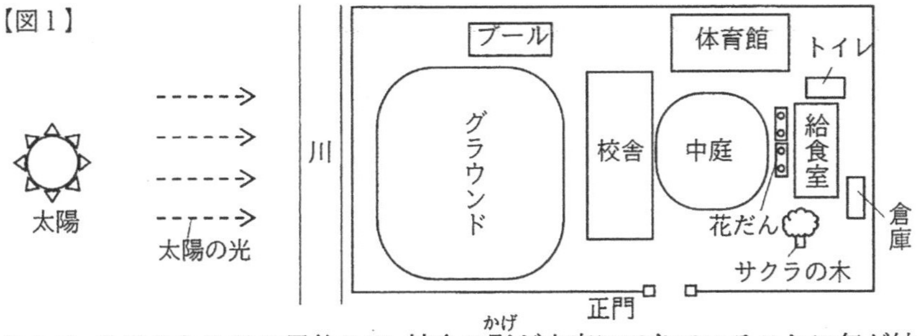

はじめさんは，３月のある日の昼休みに，校舎の影《かげ》が中庭にできていることに気が付きました。そこで，【図２】のように，太陽がちょうど南にきたときに，校舎によってできる影の長さと，太陽の高さを測定しました。太陽の高さは，校舎の屋上の点Ａと影の先たんを結んだ線と，地面との間にできる角度としました。

はじめさんは，１か月後の，太陽がちょうど南にきたときに，同じように観測すると，影の長さや，太陽の高さが変化していることに気が付きました。そこで，４月から１か月間続けて同じように観測を行うと，影の長さは次第に短く，太陽の高さは次第に大きくなることがわかりました。これに興味をもち，４月から１年間，影の長さと太陽の高さの観測を行いました。【グラフ１】は，はじめさんが観測した結果をまとめたものです。各問いに答えなさい。

【図２】

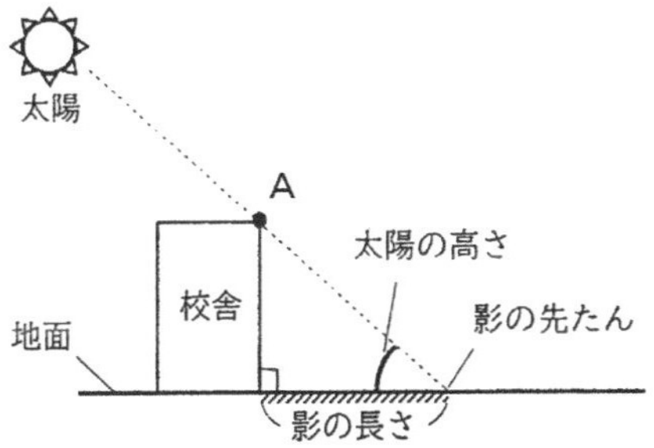

【グラフ１】

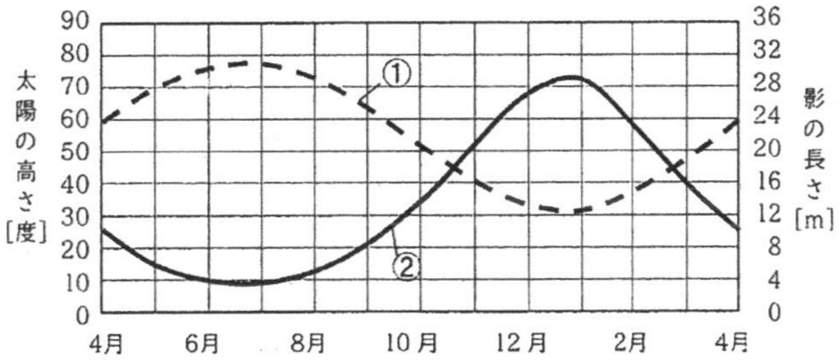

問１　３月のある日，はじめさんが午前８時ごろに学校へ登校すると，給食室の影が次のア～エのいずれかにかかっていました。給食室の影がかかっていたものとして最も適切なものを，次のア～エから１つ選び，その記号を書きなさい。

ア　トイレ　　イ　倉庫　　ウ　サクラの木　　エ　花だん

問２　【グラフ１】で，影の長さを表しているものは，①，②のどちらか。正しい方を選び，その番号を書きなさい。また，その理由を書きなさい。

問３　校舎の高さとして最も適切なものを，次のア～エから１つ選び，その記号を書きなさい。

ア　12m　　イ　18m　　ウ　24m　　エ　30m

さくらさんは，学校の近くの川でよくアユ釣《つ》りをすることから，アユについて調べ，その特ちょうについてまとめました。

アユ【サケ目アユ科の魚】

- 石についたコケを主に食べるため，コケが育ちやすい水のきれいなところにすんでいる。
- アユには，縄張りをつくるアユ（縄張りアユ）と群れをつくるアユ（群れアユ）がいる。
- 「縄張りアユ」は単独で生活し，コケをほかのアユにとられないように，それぞれが縄張りという空間をつくる。ほかのアユが縄張りに入ってきたときには，コケを守るために，相手のおなかに体をぶつけて追いはらう習性がある。
- 「群れアユ」は縄張りを持たず，集団でコケを食べながら移動して生活をしている。

【図３】

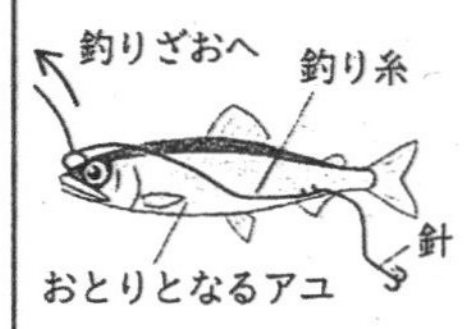

問４　さくらさんがアユ釣りをするときは，友釣りという方法で行います。友釣りとは，【図３】のように，おとりとなるアユに針をつけて泳がせて釣りをする方法のことです。この方法では，「縄張りアユ」がよく釣れます。その理由を書きなさい。

問５　さくらさんは，「縄張りアユ」と「群れアユ」について調べていると，【表１】を見つけました。【表１】のグラフは，１m^2あたりのアユの生息数ごとに，「縄張りアユ」と「群れアユ」の生息数の割合を，それぞれ体長別に表したものです。＜グラフの見方＞を参考に，【表１】からわかることとして適切なものを，次のア～エから２つ選び，その記号を書きなさい。

【表１】　（川那部浩哉　著「アユの博物誌」から作成）

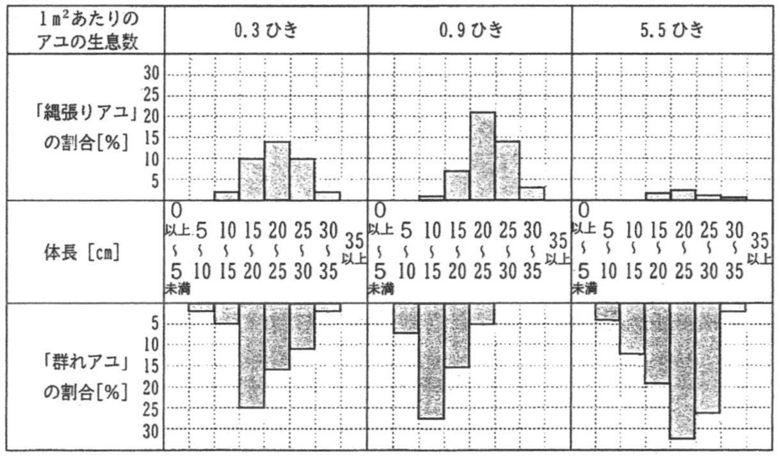

＜グラフの見方＞
（例）
１m^2あたりのアユの生息数が0.3ひきのとき，体長が15cm以上20cm未満の「縄張りアユ」の割合は，全体の約10%で，「群れアユ」の割合は，全体の約25%である。

ア　１m^2あたりのアユの生息数が0.3ひきのとき，体長が20cm以上の「群れアユ」の割合は，全体の20%以下である。

イ　１m^2あたりのアユの生息数が0.9ひきのとき，「縄張りアユ」は「群れアユ」に比べて体長が大きく成長しやすい。

ウ　１m^2あたりのアユの生息数ごとに「群れアユ」の割合を比べたとき，「群れアユ」の割合が最も大きいのは，１m^2あたりのアユの生息数が5.5ひきのときである。

エ　１m^2あたりのアユの生息数によって「縄張りアユ」と「群れアユ」の割合は変わらない。

受検番号	

令和5年度奈良市立一条高等学校附属中学校入学者選抜

適性検査Ⅰ　解答用紙

※100点満点

得点
※

※

問題番号　答え　採点

一

問一　Ⓐ　Ⓑ

問二

問三

問四

問五　この「メッセージ」の

問六

問七

問一．2点×2
問二．4点
問三．4点
問四．5点
問五．5点
問六．4点
問七．4点

二

問一

問二

問三　↓　↓　↓

問四　②　③

問五　・

問一．6点
問二．6点
問三．完答6点
問四．3点×2
問五．完答6点

三

問一

問二

問三

問四

問五

A　がいかに

B　であったとしても

C　ではなかった。

120

150

問一．6点
問二．6点
問三．6点
問四．6点
問五．3点
問六．13点

受検番号	

※	得点	※

※100点満点

令和５年度奈良市立一条高等学校附属中学校入学者選抜

適性検査Ⅱ　解答用紙

問題番号			答え	採点
1	問１		ｍ	
	問２		ア　　イ　　ウ	
	問３		ｍ	
			［求め方］	
	問４	(1)	通り	
		(2)	ＡとＣの試合　　ＢとＤの試合	
	問５	(1)	①　　②　　③	
		(2)		
2	問１			
	問２		□□□□□□	
	問３			
	問４			
	問５			

問題番号		答え	採点
3	問１		
	問２	［番号］	
		［理由］	
	問３		
	問４		
	問５	・	

1 問１．６点
問２．完答６点
問３．答え…２点
求め方…４点
問４．(1)６点
(2)完答６点
問５．(1)完答６点
(2)６点

2 問１．４点
問２．６点
問３．６点
問４．６点
問５．６点

3 問１．６点
問２．番号…２点
理由…４点
問３．６点
問４．６点
問５．完答６点

（45分）

一　次の文章を読み、各問いに答えなさい。

お詫び
著作権上の都合により、文章は掲載しておりません。
ご不便をおかけし、誠に申し訳ございません。
教英出版

お詫び
著作権上の都合により、文章は掲載しておりません。
ご不便をおかけし、誠に申し訳ございません。
教英出版

お詫び
著作権上の都合により、文章は掲載しておりません。
ご不便をおかけし、誠に申し訳ございません。
教英出版

（全卓樹《ぜんたくじゅ》『銀河の片隅《かたすみ》で科学夜話——物理学者が語る、すばらしく不思議で美しいこの世界の小さな驚異《きょうい》』による）

＊光芒 ……………… 光のすじ
＊僥倖 ……………… ぐう然に得るしあわせ
＊アリストテレス … 古代ギリシアの哲学者《てつがくしゃ》
＊潮汐力 …………… 形のある天体にはたらき、天体を変形させる力
＊読者諸氏 ………… 読者のみなさん

問一　――線部Ⓐの漢字の読みをひらがなで書きなさい。また――線部Ⓑのひらがなを漢字に直して書きなさい。なお、送りがながある場合は送りがなも書きなさい。

問二　――線部①の漢字「渡」の読み方を、漢字辞典（漢和辞典）で調べることにしました。次のように調べるとき、[a]にあてはまる部首名をひらがなで書きなさい。また[b]にあてはまる数を書きなさい。

> 「部首さくいん」で調べる場合
> 「渡」の部首は[a]である。「部首さくいん」で、部首を手がかりにその部首の漢字がのっているページを見つける。そこに並んでいる同じ部首の漢字の中から「渡」を探す。
>
> 「総画さくいん」で調べる場合
> 「渡」の総画数は[b]画である。「総画さくいん」で、総画数を手がかりに「渡」を探す。

問三　――線部②「この場合は、学者たちの説よりも素朴な理解のほうが、真実に近かったことになる」とありますが、どういうことですか。次のように答えるとき、[c]、[d]にあてはまる言葉を、cは十一字、dは八字で文章中からぬき出して書きなさい。

> 流れ星は[c]という素朴な推論は、古代の学術界では否定されていたが、流星の正体は地球の重力により大気中を燃えながら落ちていく[d]であったということ。

問四　[③]にあてはまる言葉を文章中から九字でぬき出して書きなさい。

問五　――線部④「とても理にかなったことにも思えてくる」とありますが、筆者がそのように考えたのはなぜですか。最も適切なものを、次の**ア**～**エ**から一つ選び、その記号を書きなさい。

ア　流星は、破壊と生態系の交代をもたらしてくれた、人間にとっての僥倖の使者であるため。
イ　流星は、元になった星の構成要素を推測する手がかりとなり、新たな学説が生まれるため。
ウ　流星は、予告なく現れ、一瞬の光芒とともに消え去る美しいものであるため。
エ　流星は、ほとんどが大気中で燃え尽き、地球に直接衝突することは稀であるため。

問六　この文章中で流れ星がもたらした可能性のあるものとしてあげられているものを、次の**ア**～**オ**からすべて選び、その記号を書きなさい。

ア　有機物
イ　重力
ウ　原始生命
エ　水
オ　大気

問七　――線部⑤「流れ星なしでは、おそらくは読者諸氏が今、この文をこうして読んでいることもなかっただろう。」と筆者は述べています。では、あなたもこの文にならって、「[e]なしでは、[f]なかっただろう」という題名で、次の「条件」に従って作文しなさい。

> 条件一　[e]、[f]に言葉をあてはめ、作文の内容を表す題名を書きなさい。
> 条件二　原稿《げんこう》用紙の使い方に従って、百二十字以上百五十字以内で、二段落構成で書きなさい。ただし、原稿用紙内に題名と名前は書かないこと。
> 条件三　第一段落には、題名に関するあなたの経験を書き、第二段落には、第一段落に書いた内容をふまえて、あなたが考えたことを書きなさい。

二　はじめさん，まことさん，さくらさん，よしこさんの４人は，授業で資料１から奈良市の姉妹都市や友好都市が海外にもあることを学びました。それぞれの市や国について，その特ちょうや奈良市とのつながりを発表することになった４人は，これまで調べてきたことを報告しています。次の４人の会話文を読んで，各問いに答えなさい。

【資料１】

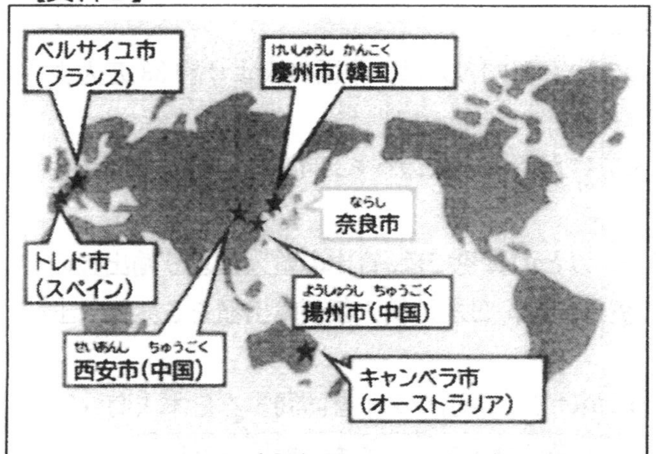

（奈良市ホームページより作成）

はじめ：私は中国の揚州市について調べています。
　　まず揚州市は，（　①　）の故郷だということがわかりました。現在の奈良市が政治の中心地であったころ，（　①　）は聖武天皇《しょうむてんのう》の願いにより来日しました。

まこと：（　①　）は，日本の仏教の発展に大きな役割を果たしたと学びました。

問１　（　①　）にあてはまる人物名を書きなさい。

はじめ：また，揚州市は遣唐使《けんとうし》が上陸する都市でもあったそうです。資料２は，校外学習で平城宮跡《へいじょうきゅうせき》歴史公園に行った時にさつえいした遣唐使船の写真です。中国の制度を手本にした国づくりをすすめるために，遣唐使として多くの留学生や僧《そう》が送られました。

【資料２】

遣唐使船の写真

まこと：平城京も唐の都にならってつくられたと学びました。

はじめ：唐の都があったのが，現在の西安市です。この写真とともに，②遣唐使が海をわたっていたころの日本のできごとにふれながら，揚州市や西安市とのつながりを通して，日本の国づくりがすすめられたことについてまとめていきます。

問２　――― 線部②について，第１回遣唐使が派遣されてから，遣唐使が停止されるまでの日本のできごととして誤っているものを，次のア～エからすべて選び，その記号を書きなさい。

ア　卑弥呼《ひみこ》が治めていたくには邪馬台国《やまたいこく》とよばれ，30ほどのくにを従えた。

イ　聖徳太子《しょうとくたいし》が，法隆寺《ほうりゅうじ》を建てたほか，政治を行う役人の心構えを示すために，十七条《じゅうしちじょう》の憲法《けんぽう》を定めた。

ウ　大陸の文化や文物が日本へもたらされ，その一部は，東大寺《とうだいじ》にある正倉院《しょうそういん》におさめられた。

エ　平清盛《たいらのきよもり》を中心とした平氏《へいし》が源氏《げんじ》をおさえ，藤原《ふじわら》氏にかわって政治を行うようになった。

さくら：私は，姉妹都市や友好都市のある国と日本のつながりに興味をもちました。そこで，資料３から資料６の４つの資料を準備しました。

【資料３】

日本に住んでいる外国人の割合
（2019 年）

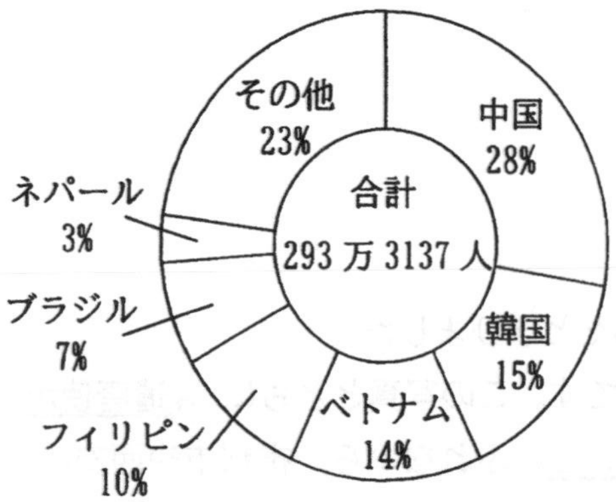

（法務省資料より作成）

【資料４】

奈良県に住んでいる外国人の割合
（2019 年）

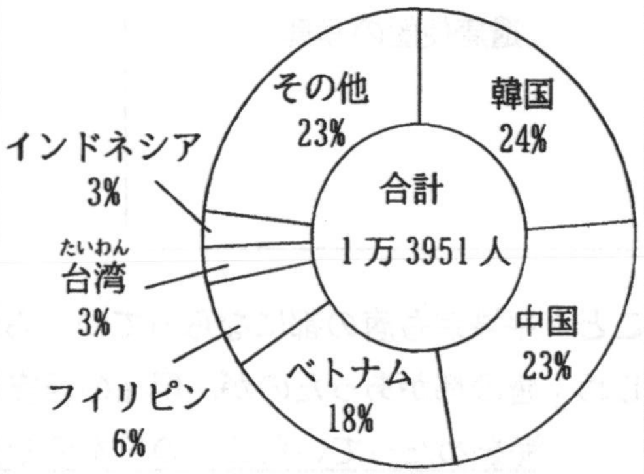

（法務省資料より作成）

【資料５】

日本と各国の貿易額（2019 年）

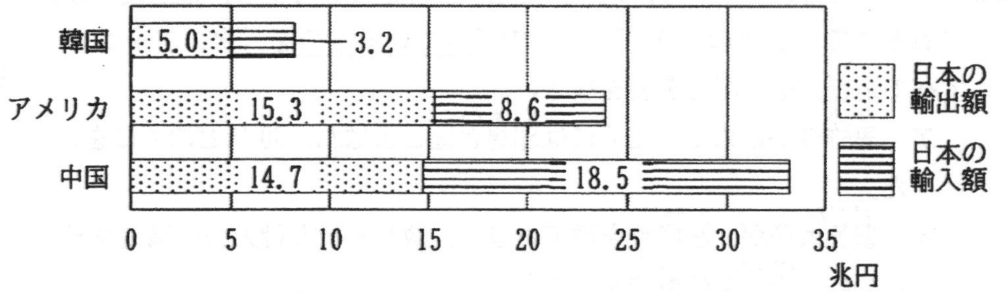

（『データブック オブ・ザ・ワールド 2021』より作成）

【資料６】

日本人の海外旅行者数（万人）

訪問先	2017 年	2018 年
韓　国	231	295
中　国	268	269
タ　イ	154	166

（『データブック　オブ・ザ・ワールド 2021』より作成）

さくら：これらの資料からは，（　③　）ということが言えます。
私は特に韓国に興味があるので，奈良市と慶州市が将来どのような交流を進めていくことができるかを考えたいと思います。

問３　（　③　）にあてはまる説明として正しいものを，次のア～エからすべて選び，その記号を書きなさい。

ア　2019 年に日本に住んでいた韓国の人は，中国の人より約 38 万人少なかった

イ　2019 年に日本に住んでいた韓国の人のうち，24%の人が奈良県に住んでいた

ウ　2019 年の韓国やアメリカとの貿易では，日本の輸入額より輸出額の方が多いが，中国との貿易では，日本の輸入額が輸出額を３兆円以上上回っている

エ　2017 年から 2018 年にかけて，中国やタイを訪問する日本人海外旅行者数は，それぞれ 10%未満の増加であったが，韓国を訪問する日本人海外旅行者数は 40%以上増加した

まこと：私は祖父が住んでいるキャンベラ市について調べています。
クリスマス前に，「寒い日が続くから体調に気をつけて」というメールを祖父に送りました。すると，資料７のサンタクロースがサーフィンをしている絵とともに，「こっちは毎日暑いんだよ」と返信がありました。このことを不思議に思った私は，奈良市とキャンベラ市の気候について調べていると，資料８，資料９のグラフを見つけました。

【資料７】

【資料８】

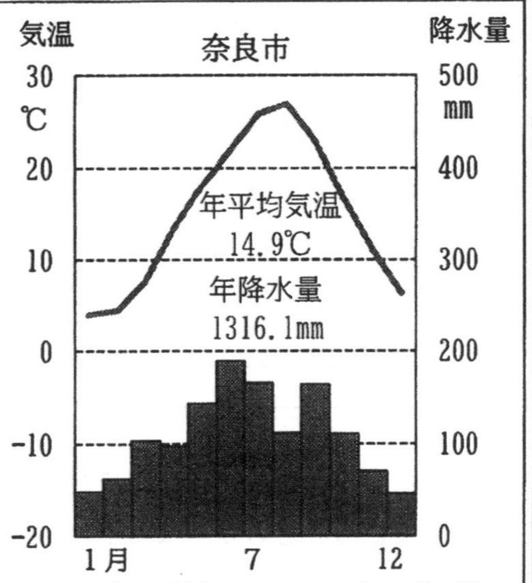

（『理科年表 2021』より作成）

【資料９】

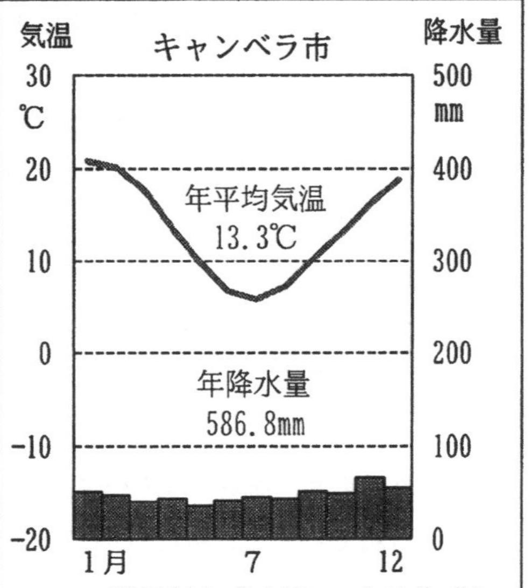

（『理科年表 2021』より作成）

まこと：資料８，資料９をみると，（　④　）ということがわかりました。気候のちがいが生活にどのようなちがいをもたらしているかについて発表したいと思います。

問４　（　④　）にあてはまる説明として正しいものを，次の**ア**～**カ**からすべて選び，その記号を書きなさい。

ア　奈良市もキャンベラ市も平均気温が最も低い月の平均気温は，０℃より低い

イ　奈良市もキャンベラ市も平均気温が最も高い月の平均気温は，20℃より高い

ウ　奈良市では，１月に平均気温が最も低くなるが，キャンベラ市では１月に平均気温が最も高くなる

エ　キャンベラ市では，平均気温が最も低い月に降水量が最も多くなる

オ　奈良市の月ごとの降水量は，最も少ない月でも 100mm を上回る

カ　キャンベラ市の月ごとの降水量は，奈良市ほど季節によって差がない

よしこ：私は，ベルサイユ市のベルサイユ宮殿《きゅうでん》について資料を作ってきました。資料 10 を見てください。

【資料 10】

一度は行ってみたい！ベルサイユ宮殿

・国王ルイ 14 世が 1682 年に建てた。
・フランス革命がおこる 1789 年まで，国王がこの宮殿で政治を行った。
・10.7km² という広大なしき地の中に，ふん水が 1400 個もある。
・革命後，宮殿の料理人が，市民にフランス料理を広めたと言われている。
・世界遺産に登録されている。

ベルサイユ宮殿の写真

ベルサイユ宮殿の写真

はじめ：ベルサイユ市や西安市，奈良市には（　⑤　）という共通点があるのですね。

問５　（　⑤　）にあてはまる言葉を，会話文の中から 10 字でぬき出して書きなさい。

さくら：資料１を見ていない人にも，海外の市や国がどこに位置しているのかわかるように，市や国の位置をまとめておくのもよいかと思いました。

よしこ：そうですね。⑥ベルサイユ市の位置について，資料１を見ていない人にもわかるようにまとめてみます。

問６　――― 線部⑥について，６つの大陸のいずれかを使って説明しようとしています。次の文の（　ａ　），（　ｂ　）にあてはまる言葉を書きなさい。ただし，（　ｂ　）には，「東」「西」から１つ選び，書きなさい。

> フランスのベルサイユ市は，（　ａ　）大陸の（　ｂ　）部に位置している。

まこと：よしこさんは，フランス料理と歴史のつながりについても発表しようとしているのですね。歴史などが，料理にどのように影響《えいきょう》をあたえているのか，私もすごく興味があります。

よしこ：はい。フランスだけでなく，⑦日本の食文化も，歴史や地形，気候などの影響を受けていると思います。

問７　――― 線部⑦についての説明として誤っているものを，次のア～エから１つ選び，その記号を書きなさい。

ア　大陸から日本に移り住んだ人々によって伝えられた米は，保存ができ，栄養もあるので，人々の生活の安定に役立った。

イ　江戸幕府による鎖国《さこく》とよばれる政策によって，外国との貿易や交流が全く行われなかったため，その間に日本の食文化が発展した。

ウ　米などの農産物は，その土地の地形や気候に合わせて，いろいろな品種のよいところを集める品種改良が行われている。

エ　海に囲まれ水産資源が豊富な日本では，すしなどで魚を食べるほか，煮干《にぼ》しや昆布《こんぶ》などからだしをとり，みそしるなどに利用している。

はじめ：さらに，遣唐使たちを通じて大陸の制度や文化が日本に伝えられたように，人々が交流することで文化は異なる地域に伝わり，⑧人々の生活に影響をあたえてきました。

問８　――― 線部⑧の例として，文明開化があげられます。次の文は，文明開化について，いつ，何があったかを説明したものです。

（　　　）に15字以上20字以内の言葉を入れて，文を完成させなさい。ただし，「文化」という語を使って書きなさい。

> 文明開化とは，（　　　　　　　　　　　　　　　　　　）ことによって，日本の人々の生活が変わっていったことである。

さくら：これからも，姉妹都市や友好都市をはじめとして，さまざまな交流が続けられていくと，私たちが文化のちがいを感じることも多くなるでしょう。

まこと：⑨異なる文化をもつ人たちと共に生きていくという考え方をもつことが大切ですね。

はじめ：こうしたことをみんなに考えてもらえるような発表にしましょう。

問９　――― 線部⑨について，次の「条件」に従って作文しなさい。

> 条件１　160字以上200字以内で，２段落構成で書きなさい。ただし，題名と名前は書かないこと。
>
> 条件２　第１段落には，あなたが今まで見たり聞いたり，学んだり，体験したりした中で，文化のちがいを感じたことを，具体的に書きなさい。
> 　第２段落には，異なる文化をもつ人たちと共に生きていくために必要だと思うことを書きなさい。

（45分）

１　各問いに答えなさい。

問１　はじめさんとさくらさんは，ケーキ屋で待ち合わせをしました。それぞれの家からケーキ屋までの道のりは等しく，２人は同時に家を出ました。はじめさんは分速 86m，さくらさんは分速 76m で歩き，はじめさんがケーキ屋に着いてから５分後にさくらさんが着きました。

(1) はじめさんがケーキ屋に着いたとき，さくらさんは，ケーキ屋まであと何 m の位置にいるか求めなさい。

(2) はじめさんの家からケーキ屋までの道のりを求めなさい。

問２　ケーキ屋では，立方体の形をした同じ大きさのチョコレートが，下の図のように積んで売られています。この積み方のきまりで，10 段目まで積まれているときのチョコレートの総数を求めなさい。また，その求め方を説明しなさい。なお，表や図を用いて説明してもかまいません。

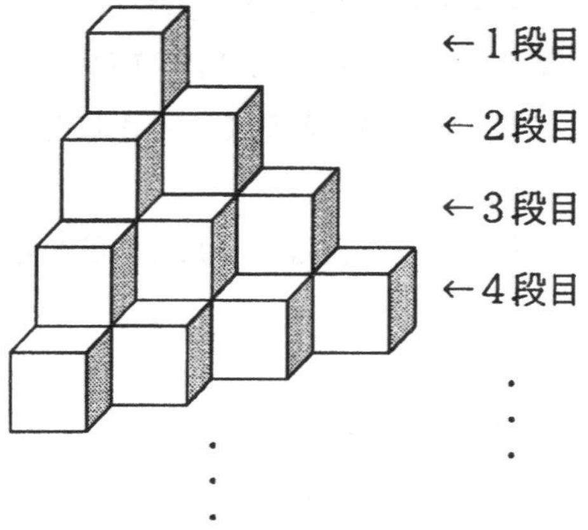

問３　下の表は，ケーキ屋で売られている，いちごケーキ，チーズケーキ，フルーツケーキ，ロールケーキのそれぞれ１個の値段と，ある日の売上個数を表しています。A，B については，差が５になることがわかっています。

ケーキの種類	１個の値段(円)	売上個数(個)
いちごケーキ	380	15
チーズケーキ	270	A
フルーツケーキ	350	20
ロールケーキ	300	B

４つのケーキについて，売上個数の合計が 50 個であり，売上金額の合計が 17000 円をこえているとき，A，B を求めなさい。また，４つのケーキの売上金額の合計を求めなさい。

問４　はじめさんはケーキ屋で，いちごケーキ，チーズケーキ，フルーツケーキ，ロールケーキを２個ずつ買って家に持ち帰り，友達と４人で１人２個ずつ食べました。

- はじめさん，みちこさん，まことさん，よしこさんは，それぞれ２種類のケーキを食べた。
- はじめさんとみちこさんは，フルーツケーキを食べた。
- みちこさんは，ロールケーキを食べなかった。
- みちこさんとまことさんは，１種類は同じケーキを食べた。
- よしこさんは，チーズケーキを食べた。

このとき，確実にわかることを，次の**ア**～**オ**から１つ選び，その記号を書きなさい。

ア　はじめさんは，いちごケーキを食べた。
イ　みちこさんは，チーズケーキを食べた。
ウ　まことさんは，チーズケーキを食べた。
エ　まことさんは，ロールケーキを食べた。
オ　よしこさんは，ロールケーキを食べた。

問５　さくらさんはケーキ屋で，円柱の形をしたケーキと，底面が正方形である四角柱の形をしたケーキを買って家に持ち帰りました。

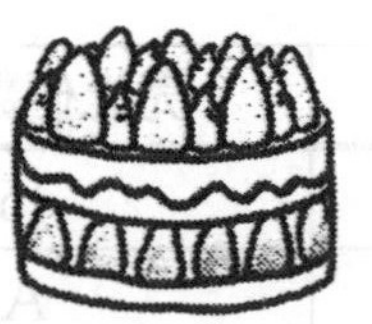
円柱の形をしたケーキ

底面が正方形である
四角柱の形をしたケーキ

(1) 円柱の形をしたケーキを５等分します。下の図は，ケーキを真上から見たときの円に，円の中心Ｃと，５等分するための切れ目となる直線をかいたものです。①の角の大きさを求めなさい。

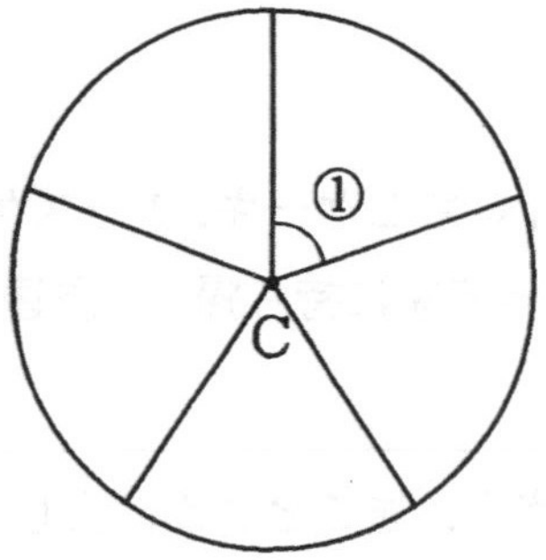

(2) 底面が正方形である四角柱の形をしたケーキを５等分します。下の図は，ケーキを真上から見たときの正方形に，対角線の交点Ｄと，１辺を 10 等分するめもりをかいたものです。定規を使って，５等分するための切れ目となる直線を５本，解答用紙の図にかきなさい。ただし，切れ目となる直線はすべて，点Ｄと，めもりか正方形の頂点をつないでかくこととします。

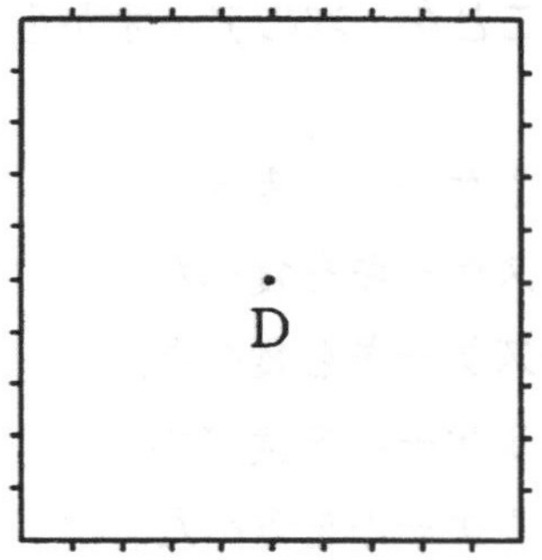

2　奈良県における 2002 年から 2021 年までの桜の開花日について調べたところ，いちばん早い開花日は３月 20 日であり，いちばんおそい開花日は４月３日であることがわかりました。下のグラフは，各年の開花日が３月 20 日から何日後であったかを表しています。各問いに答えなさい。

【奈良県における 2002 年から 2021 年までの桜の開花日】

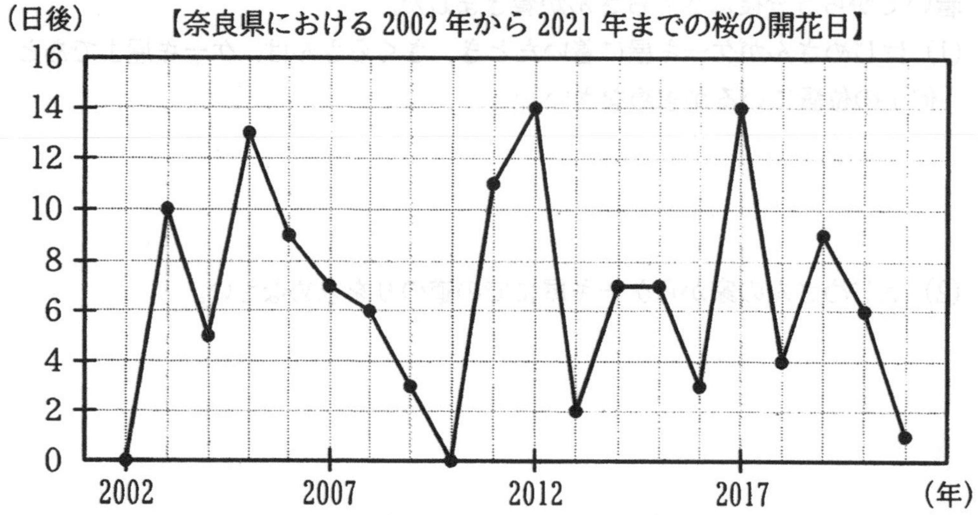

（気象庁資料より作成）

問１　2005 年の開花日を求めなさい。

問２　2002 年から 2021 年までの開花日に関する説明として正しいものを，次のア～エからすべて選び，その記号を書きなさい。

- **ア**　開花日が４月中であった年の割合は 20%である。
- **イ**　最も多く開花日になった日は３月 27 日である。
- **ウ**　前年と比べて，開花日がおそくなった年のほうが，開花日が早くなった年よりも多い。
- **エ**　開花日にならなかった日は，３月 20 日から４月３日の間には２日ある。

問３　2002 年から 2021 年までの開花日をもとに，平均を使って，2022 年の開花日を予想します。予想される開花日は何月何日であるか求めなさい。また，その求め方を説明しなさい。ただし，平均した値が小数となった場合は，小数第一位を四捨五入して，整数で考えることとします。

３　次の実験１，２を行いました。各問いに答えなさい。

《実験１》

図１のように，酸素を集めた集気びんの中に，火のついたろうそくを入れてふたをし，ろうそくの燃え方を調べた。なお，集気びんには，はじめから水を少し入れておいた。

〔結果〕

火のついたろうそくを集気びんの中に入れると，入れる前より激しく燃えた。

【図１】

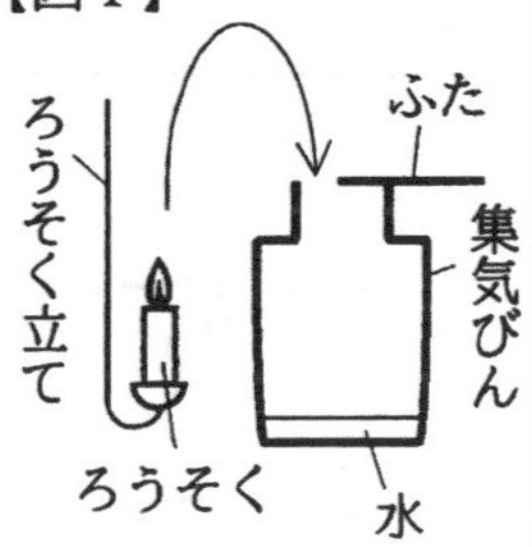

問１　実験１の集気びんを準備するときには，できるだけ空気とまざらないようにして酸素を集めます。その方法を，次の用意するものをすべて使って，文章で説明しなさい。

［用意するもの］　酸素ボンベ　・　集気びん　・　ふた　・　水そう　・　水

問２　実験１で結果のようになった理由を，酸素のはたらきにふれながら説明しなさい。

《実験２》

底のない集気びん，ふた，ねん土（①・②），ろうそくを使って，図２のようなA～Cの装置を作った。AとBは，ふたをして集気びんの上にすき間をつくらず，Cは，ふたをせずに集気びんの上にすき間をつくった。また，Aは，図３のねん土①を使って集気びんの下にすき間をつくらず，BとCは，図３のねん土②を使って集気びんの下にすき間をつくった。それぞれのろうそくに火をつけて，ろうそくの燃え方を調べた。

【図２】

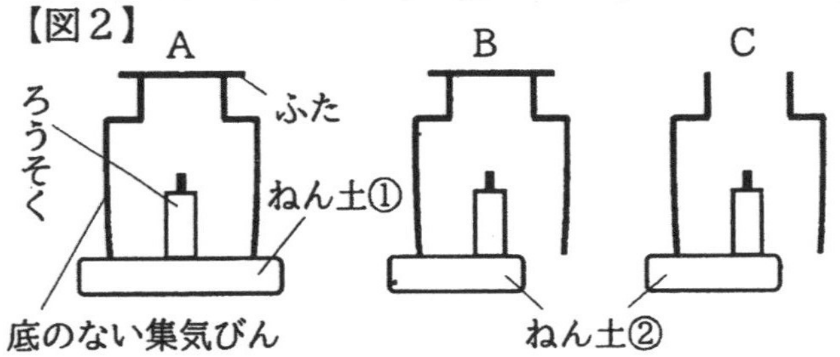

【図３】

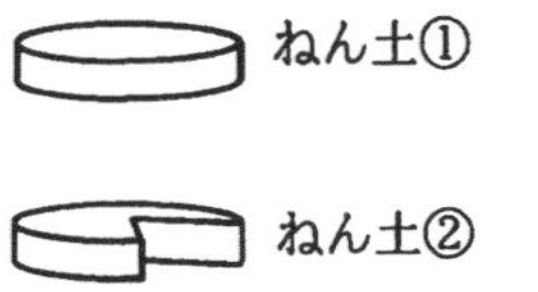

（ねん土①の一部を切り取った）

〔結果〕

装置	A	B	C
ろうそくの燃え方	火が消えた	火が消えた	燃え続けた

問３　図４は，実験２のAのろうそくに火をつける前の，集気びんの中の空気の成分を，イメージ図で表したものです。図の○，▲，■は，酸素，二酸化炭素，ちっ素のいずれかを表しています。火が消えたあとの集気びんの中の空気の成分を，図４と同じようにイメージ図で表したものとして最も適切なものを，次のア～エから１つ選び，その記号を書きなさい。

【図４】

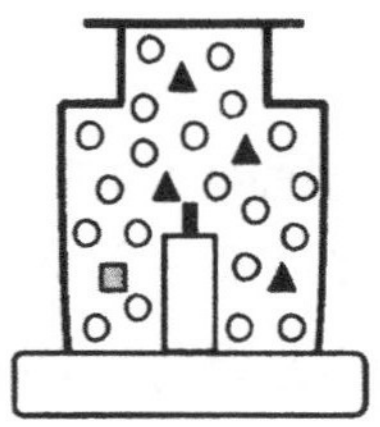

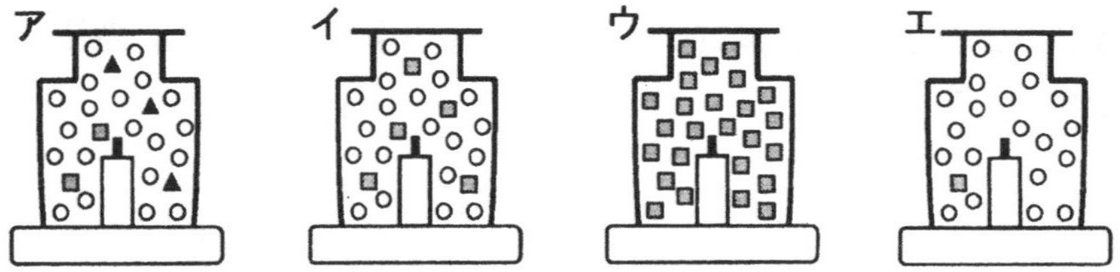

問４　実験２で，それぞれのろうそくに火をつけ，BとCの集気びんのすき間に，線こうのけむりを近づけて，けむりの動きを観察しました。Bでは，けむりは集気びんの中に流れこみませんでした。Cのけむりの動きを矢印で表した図として最も適切なものを，次のア～エから１つ選び，その記号を書きなさい。

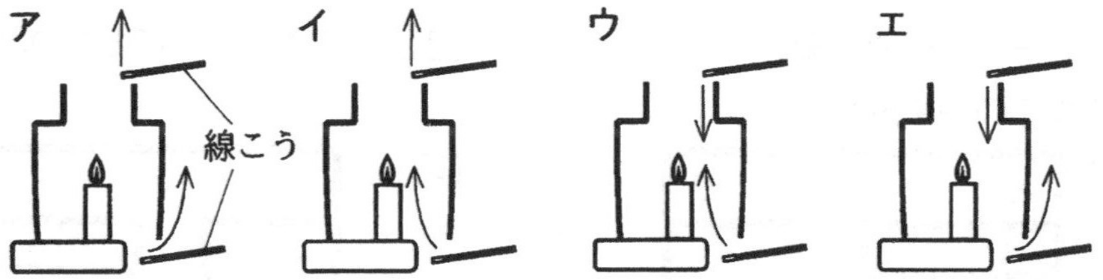

4　資料は，はじめさんが夏休みの自由研究をまとめたレポートの一部です。各問いに答えなさい。

【資料】

夏休みの自由研究

ダンゴムシのひみつ

観察・記録者：はじめ

○研究のきっかけ

　インターネットでダンゴムシについて調べてみると，ダンゴムシは，かべにあたると規則的な曲がり方をすると書かれていた。このことに興味をもち，確かめるために次のような観察をした。

○用意したもの

　成虫のダンゴムシ 22 ひき，飼育ケース（大型・小型），虫めがね，空箱，厚紙，はさみ，セロハンテープ

○方法

《観察１》

　大型の飼育ケースの中から，ダンゴムシを１ぴき取り出して，図１のような小型の飼育ケースにうつした。虫めがねを使ってそのダンゴムシを観察し，スケッチした。また，気がついたことを観察メモとして記録した。

【図１】

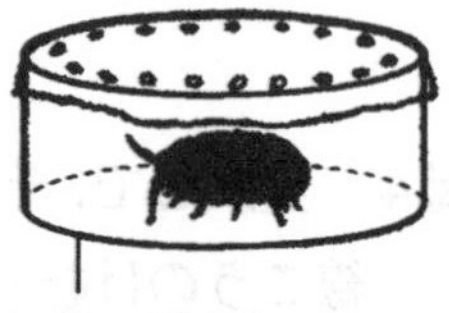

小型の飼育ケース

《観察２》

　空箱の中に厚紙でかべを作り，図２，図３のような通路を作った。通路のはばは，ダンゴムシの体のはばより少し広い約１cmにした。ダンゴムシをそれぞれのスタートの位置に置いて，ダンゴムシが図２，図３のＡ～Ｈのどの場所にたどりつくのかを調べた。

【図２】

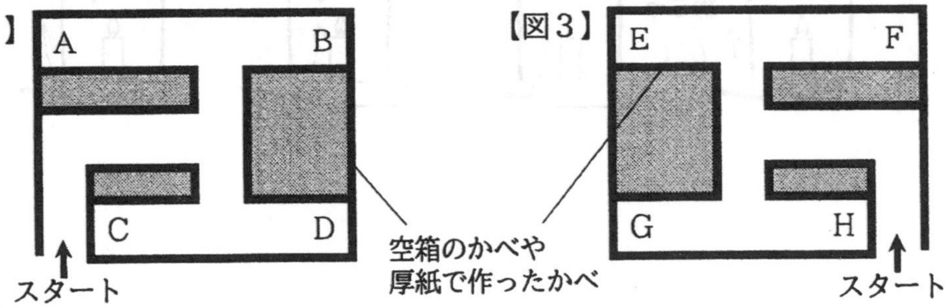

○結果

《観察１》

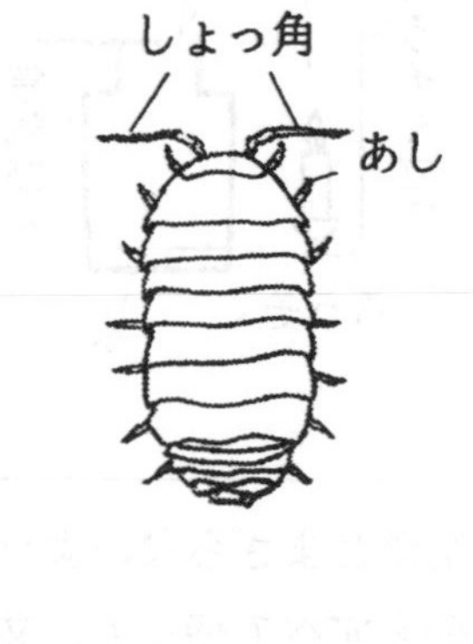

<観察メモ>

○様子

・しょっ角を動かしながら，元気に動いていた。

・指でさわると丸まった。

○からだの特ちょう

・からだは，たくさんの部分にわかれていた。

・からだの色は黒かった。

・あしは 14 本あった。

《観察２》（①～㉒はそれぞれ別々のダンゴムシを表している）

【図２】の通路

ダンゴムシ	①	②	③	④	⑤	⑥	⑦	⑧	⑨	⑩	⑪
たどりついた場所	B	B	A	B	B	B	B	B	B	B	D
ダンゴムシ	⑫	⑬	⑭	⑮	⑯	⑰	⑱	⑲	⑳	㉑	㉒
たどりついた場所	B	B	B	B	B	C	B	B	B	B	A

【図３】の通路

ダンゴムシ	①	②	③	④	⑤	⑥	⑦	⑧	⑨	⑩	⑪
たどりついた場所	E	E	E	E	E	E	E	F	E	E	E
ダンゴムシ	⑫	⑬	⑭	⑮	⑯	⑰	⑱	⑲	⑳	㉑	㉒
たどりついた場所	E	G	E	E	E	E	G	E	E	E	E

問１　観察１で，虫めがねを使って観察するときの方法として最も適切なものを，次のア～エから１つ選び，その記号を書きなさい。

ア　虫めがねを目に近づけたまま，小型の飼育ケースは動かさず，自分が動いてはっきり見えるところで止まり観察する。

イ　虫めがねを目に近づけたまま，小型の飼育ケースを動かしてはっきり見えるところで止めて観察する。

ウ　小型の飼育ケースは動かさず，虫めがねを目と小型の飼育ケースの間で動かし，はっきり見えるところで止めて観察する。

エ　虫めがねを目と小型の飼育ケースの間で動かし，小型の飼育ケースも動かして，はっきり見えるところで止めて観察する。

問２　はじめさんは，観察１で記録した観察メモから，「ダンゴムシはこん虫ではない」と考えました。その理由を，ダンゴムシとこん虫のそれぞれの成虫のからだの特ちょうにふれながら，２つ説明しなさい。

問３　はじめさんは，観察２の結果からわかったことを，レポートの最後に「わかったこと」として，次のようにまとめました。空らんに適切な言葉を入れて，文を完成させなさい。ただし，「かべ」「右」「左」の語をすべて使って書きなさい。

〇わかったこと
　観察２から，多くのダンゴムシは，［　　　　　　　　　　］という規則的な動き方をしていることがわかった。

問４　はじめさんは，新しい空箱を用意し，観察２の結果からわかった規則的な動きで，ダンゴムシがゴールできる迷路を作ろうと考えました。図４のような空箱の底に，１辺が１cmの正方形のマス目がかかれています。この空箱のマス目にあわせて，$1\,\mathrm{cm}^3$の立方体のブロックを置いて迷路を作ります。次の迷路を作る条件に従って，解答用紙の図に迷路を完成させなさい。

【図４】

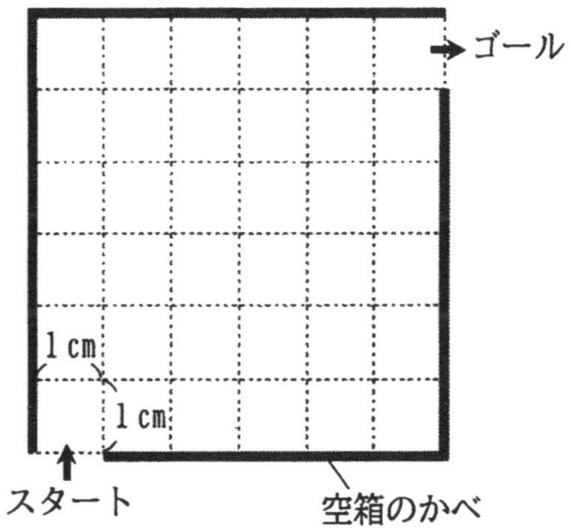

《迷路を作る条件》

条件１　マス目に置くブロックは７個であり，その場所を図５のように×で表す。ただし，解答用紙にすでに置かれている２か所のブロックは，７個のブロックにはふくめない。

条件２　ダンゴムシが，左右どちらかに４回曲がるようにブロックを置く。ただし，図５の☆の場所のように，左右どちらか一方にしか曲がれない場合は，４回の回数にはふくめない。

条件３　曲がるとき以外は，ダンゴムシが進む通路のはばが１cmになるようにブロックを置く。

【図５】

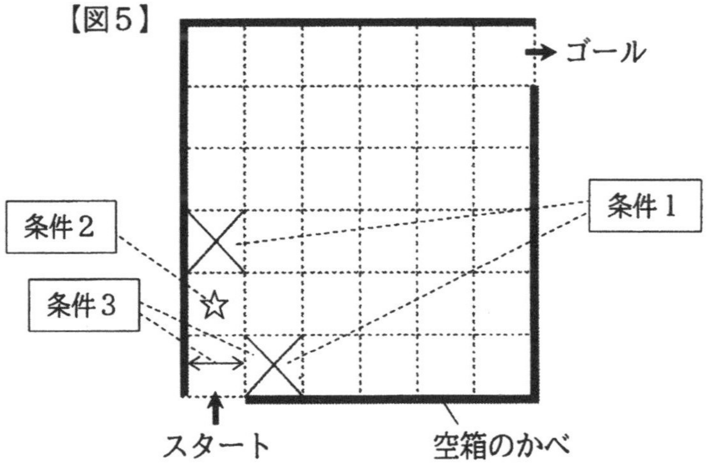

受検番号

令和4年度奈良市立一条高等学校附属中学校入学者選抜　適性検査Ⅰ　解答用紙

（2枚中の1）

一

問一	問二	問三		問四	問五	問六	問七
Ⓐ	a	c	d				題名
Ⓑ	b　画						e　なしでは、 f　なかっただろう 120 150
※　3点×2	※　3点×2	※　4点×2		※　6点	※　6点	※　完答6点	※　12点

※には記入しないでください。

※

得点　※

※100点満点

受検番号

※には記入しないでください。

※

得点	※

令和４年度奈良市立一条高等学校附属中学校入学者選抜　適性検査Ⅰ　解答用紙

二			
	問１		※ 4点
	問２		※ 完答 5点
	問３		※ 完答 5点
	問４		※ 完答 5点
	問５		※ 5点
	問６	a　　　大陸　b　　　部	※ 完答 5点
	問７		※ 5点
	問８	15　20	※ 6点

二			
	問９	原稿用紙は横書きで使用します。 160 200	※ 10点

受検番号

※には記入しないでください。

※

得点 ※

※100点満点

令和４年度奈良市立一条高等学校附属中学校入学者選抜　適性検査Ⅱ　解答用紙

1	問１	(1)	m	(2)	m	※ 8点
	問２		個			※
		[求め方]				6点
	問３	A		B		※
		合計金額	円			完答 6点

1	問４				※ 6点
	問５	(1)	°		※
		(2)	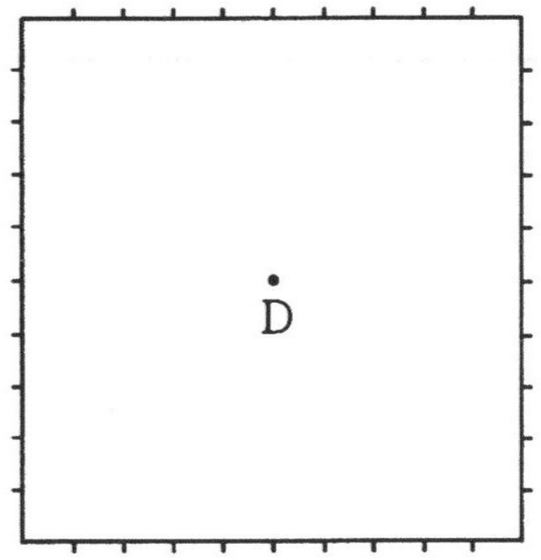		9点
2	問１		月　日		※ 3点
	問２				※ 完答 6点
	問３		月　日		※
			[求め方]		6点

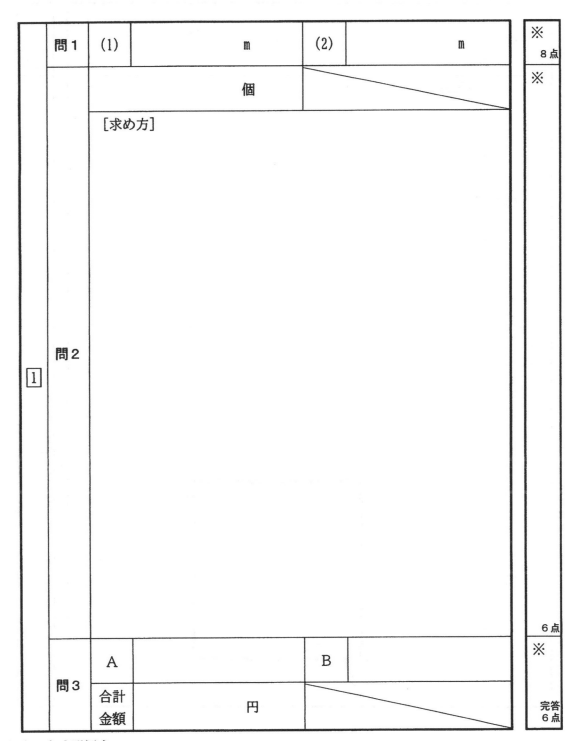

受検番号

※には記入しないでください。

※	得点	※

令和４年度奈良市立一条高等学校附属中学校入学者選抜　適性検査Ⅱ　解答用紙

3	問１		※ 8点
	問２		※ 6点
	問３		※ 5点
	問４		※ 5点

4	問１		※ 5点
	問２	［理由１］ ［理由２］	※ 8点
	問３		※ 5点
	問４	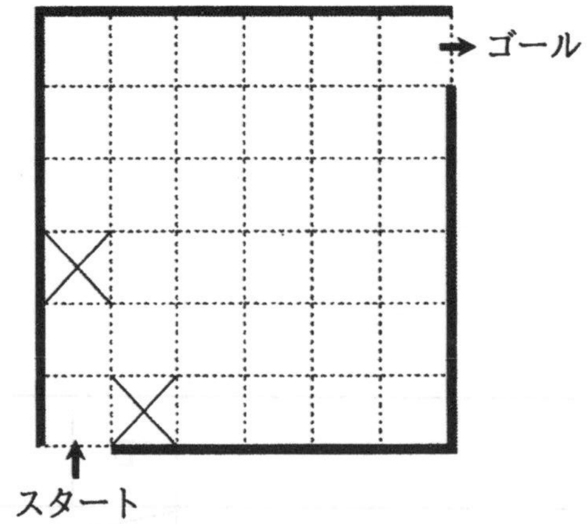	※ 8点

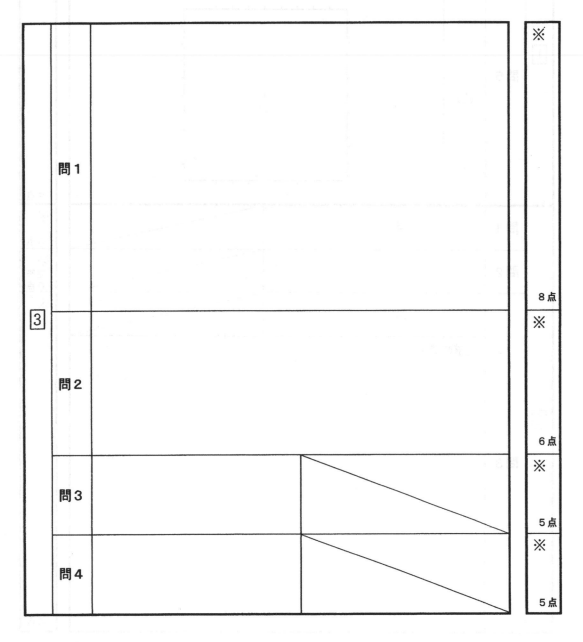

本問題のねらい
・日常生活の場面と関連付けられた設定の文章を読み、文章の構成や展開をとらえ、内容を理解する力をみる。
・課題解決のために必要な情報を資料から適切に読みとる力や、考えたことや判断したことを、資料を活用して適切に表現する力をみる。

一

国語の時間に「言葉とわたしたち」というテーマで、学校生活や日常生活をより良くするためにできることを、クラスのみんなに提案するためのスピーチをすることになりました。Aさんは、コミュニケーションの方法について関心をもち、コミュニケーションをとるときには気をつけなければならないことがあると考えました。Aさんは、情報を集め、スピーチのときに示すための資料を作成し、スピーチの原こうも作成しました。Aさんの【スピーチ原こう】、【資料】を読んで、あとの問いに答えなさい。

【スピーチ原こう】

わたしは「メールやSNS*でメッセージを送る前には、いつでも文章をたしかめよう。」ということを提案します。この提案をしようと思ったのは、先日、先生から手紙を書くときの話を聞いたからです。先生はご①自身が手紙を書くときは受け取る相手のことを思い、じっくりと文章を考えるとおっしゃっていました。わたしはその話を聞いて、今は手紙よりもスマートフォンを使って、メールやSNSでコミュニケーションをとることの方が多いのではないかと思いました。そこで、わたしたちと同じ世代の人のコミュニケーションの取り方を調べ、どのようなことに気を付けたらよいのかを考えました。

まず、わたしはメールやSNSを使うことができるスマートフォンについて、どれほどの人が持っているのかを、奈良県のホームページで調べてみました。この資料を見てください。

★

つまり、わたしたちも、中学生や高校生になると、スマートフォンを使い、メールやSNSでコミュニケーションをとることが増えるということです。

メールやSNSの良さは、遠くはなれていても、文章を入力して送信すると、すぐに相手に届くことだと思います。でも速さを求めすぎると、手紙を書くときのように相手のことを思い、じっくり言葉を選んで文章を書くことができるでしょうか。メールやSNSでは、そのときに思ったことや感情を、相手がどうとらえるかを考えずに送ってしまいがちです。実際に、わたしは友だちとメールでやりとりをしていたときに、思ったことをぱっと送ってしまい、相手が②ごかいしてしまい、けんかになった経験があります。

これからわたしたちは、スマートフォンでメールやSNSなどを使い、人とコミュニケーションをとることがます増えてくるでしょう。メールやSNSでメッセージを送る前には、いつでも文章を③たしかめるようにしませんか。スマートフォンの向こうには、④かならず相手がいることを忘れないようにしてほしいです。これで、わたしの提案を終わります。

＊ SNS…ソーシャル・ネットワーキング・サービスのこと。メールと同様に、インターネット上で意見や考えをやりとりすることができるサービス。

【資料】

「奈良県の小学生、中学生、高校生のスマートフォンの所有率」

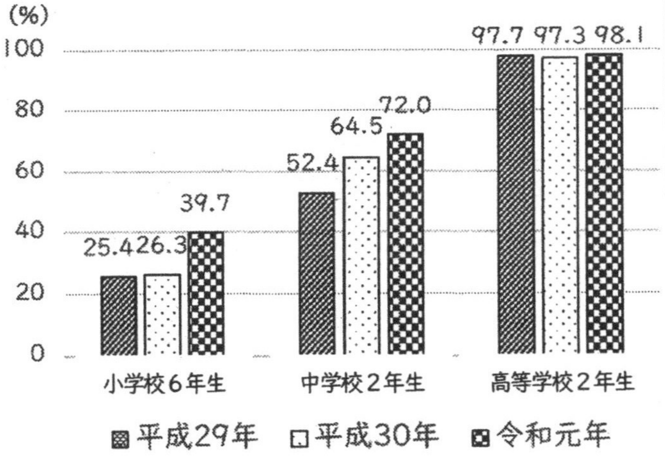

令和元年度「青少年の携帯電話端末等使用に関する実態調査結果」
（奈良県文化・教育・くらし創造部）より作成

（一）①――の「自身」は「じしん」と読みますが、同じ読み方で別の漢字を使った熟語に「自信」があります。このように、別の漢字を使いながら、同じ読み方で意味のちがう二字熟語を二組書きなさい。なお、「公開」と「航海」のように、二字ちがいの熟語でもかまいません。

（二）②③④――のひらがなを、文脈に合わせて漢字に直して書きなさい。送りがながある場合は送りがなも書きなさい。

（三）Aさんは★の部分で、作成した【資料】を提示しながら、スマートフォンの所有について説明しようと考えています。あなたがAさんなら、どのように説明をしますか。次の書き出しに続けて、八十字以上、百字以内で書きなさい。ただし、句読点も一字として数え、文は改行しないで書きなさい。なお、書き出しの文章は字数にふくみません。

書き出し
これは令和元年度の奈良県の小学生、中学生、高校生のスマートフォンの所有率を調べたものです。

（四）Aさんは、このスピーチ原こうで提案に説得力をもたせるために、どのような工夫をしていますか。最も適切なものを、次のア～エから一つ選び、その記号を書きなさい。

ア　自分が聞いたこと、経験したことを時間の経過に沿って構成している。
イ　初めに提案を行い、残りはすべてその理由や根きょを示す段落としている。
ウ　手紙と比かくしてメールやSNSの良さを示し、提案した理由としている。
エ　調べた事実や体験など、具体的な資料や理由を入れて構成している。

本問題のねらい

・身近な題材について、自分の意見を明確にし、適切な構成で論理的かつ分かりやすく表現する力をみる。

二

新しく一条高等学校附属《ふぞく》中学校を開校し、初めての運動会を行うことになりました。その際に行う学年種目の競技を次の条件①～③にしたがって文章で提案しなさい。

条件①　二段落に分け、第一段落ではあなたはどのような競技を行いたいのか提案し、第二段落ではその競技を提案する理由を書くこと。

条件②　全体を二百字以上、三百字以内で書くこと。

条件③　題名や名前は書かずに一行目、一マス下げたところから、原こう用紙の適切な使い方にしたがって書くこと。

本問題のねらい
○　奈良市の世界遺産に関する学習と SDGsを題材にして、社会的事象の特色や相互《そうご》の関連、意味を多角的に考え、理解する力をみる。
○　課題解決のために必要な情報を資料から適切に読みとる力や、考えたことや判断したことを、資料を活用して適切に表現する力をみる。

三　次の文章は、奈良市の世界遺産に関する学習を説明したものです。また、会話文は文章を読んだ後に、小学生のＡさんとＢさんが交わした内容です。

文章と会話文を読み、あとの各問いに答えなさい。

1300 年を超《こ》える奈良の歴史の中で、最も多くの人が奈良に宿泊《しゅくはく》した日はいつでしょうか。それは今から３３０年ほど前の、①元禄《げんろく》5年（1692 年）３月 27 日かもしれません。『奈良市史』によると、この日は、実に 49,054 人の宿泊があったそうです。

なぜ、それほどの人々が奈良に出向いたのでしょうか。

それには、理由があります。実は、この年の３月８日から４月８日までの一か月間、東大寺で大仏開眼供養《かいげんくよう》*が行われていたのです。

奈良時代、聖武天皇が「動植ことごとく栄えんことを欲《ほっ》す」と願い、多くの人々の力と思いを集めて造られた東大寺の大仏は、1180 年、兵火《へいか》によって焼け落ちました。５年後には重源上人《ちょうげんしょうにん》によって復興されましたが、1567 年、再び戦火によって焼け落ちました。この時も大仏復興の動きはすぐに始まりました。しかし、仏頭《ぶっとう》は木芯《もくしん》を銅板で覆《おお》ったもので、お堂は雨露《あめつゆ》をしのぐだけの小さな仮堂《かりどう》。その仮堂も 1610 年の大風で倒壊《とうかい》し、以来、大仏は雨ざらしとなっていました。その大仏を公慶上人《こうけいしょうにん》が復興させ、大仏開眼供養が盛大に行われたのが、この年だったのです。

全国から奈良を訪れた人々は、きっと大仏造立に込《こ》められた思いや、それを復興してきた多くの人々の願いに思いを馳《は》せ、これからの世の中が末永く幸せであることを祈《いの》ったことでしょう。

時は過ぎ、令和の時代となりました。2015 年に②国際連合で採択《さいたく》された「SDGs」（持続可能でよりよい社会の実現に向けた 17 の国際目標）の「誰《だれ》一人取り残さない」という理念は、聖武天皇の「動植ことごとく栄えんことを欲す」という願いとも通じているのです。

奈良をはじめ、各地には、先人たちが守り、受け継《つ》ぎ残してきた、本当に素晴らしいものがたくさんあります。過去を知ることは、現在を知ることであり、未来を考えることでもあります。

本市ではこのように、世界遺産をはじめとする文化財や伝統文化、自然環境《かんきょう》について学ぶことを通して、地域に対する誇《ほこ》りや地域を大切に思う心情を育み、持続可能な社会の担《にな》い手を育成する学習を行っています。

＊大仏開眼供養…新しくできた大仏に目を書き入れてたましいをむかえ入れる会

奈良市ホームページより（一部改変）

【会話文】

Ａさん：元禄5年にこれだけの宿泊者数があったことにはおどきましたね。

Ｂさん：私も本当におどろきました。そこで私は、当時と比べるために、現在の奈良市を訪れる観光客と宿泊客の人数を調べてみました。奈良市のホームページで見つけたこのグラフを見てください。

【グラフ】

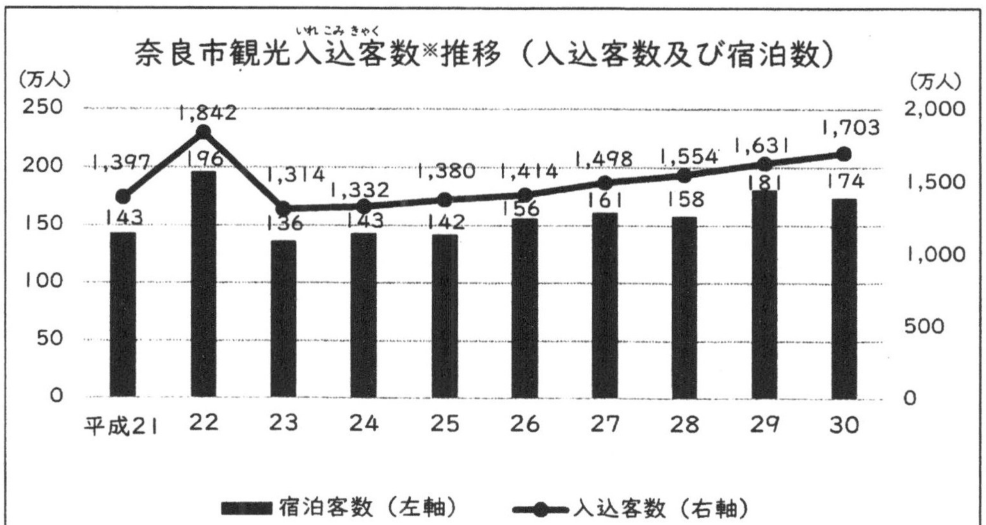

※観光入込客数…観光を目的として旅行に来た人

奈良市ホームページより（一部改変）

【ポスター】

提供：公益社団法人 奈良市観光協会より

Aさん：平成22年に大きくのびているのですね。元禄5年3月27日は49,054人の宿泊客があったということですが、平成22年の一日平均の宿泊客数は何人だったのでしょうか。

Bさん：この年の一日平均宿泊客数は約（ ③ ）人になりますね。比べてみると、改めて元禄5年の大仏開眼供養の時のにぎわいがよくわかりますね。

Aさん：そうですね。そういえばこの前、駅でこんなポスターを見つけました。写真をとってきたので、見てください。奈良市は日帰りの観光客よりも、宿泊する観光客を増やしたいと考えているようですね。

Bさん：でも私は宿泊客が増えることは、いいことばかりではないと思います。交通じゅうたいの問題も出てくるように思います。Aさんはどう考えますか。

Aさん：難しい問題ですね。クラスのみんなでこのことについて④話合いをやってみたいですね。

Bさん：いいですね。先生に提案してみましょう。

Aさん：討論をしてみると、いろいろな立場の人の考え方を学ぶことができそうですね。それはきっと、文章にもあった⑤持続可能な社会や、これからの奈良について考えることにもつながりそうですね。

Bさん：そうですね、楽しみです。

(1) 下線部①について、このころの日本のできごとやくらしの説明として適切なものを、次のア～エから一つ選び、その記号を答えなさい。

ア　大きなききんが何度か起こり、百姓一揆《ひゃくしょういっき》や打ちこわしが全国各地で起こった。
イ　ヨーロッパからやってきた宣教師《せんきょうし》が、日本各地でキリスト教の布教《ふきょう》を行った。
ウ　このころ行われた検地《けんち》と刀狩《かたながり》によって、武士と、百姓《ひゃくしょう》・町人という身分が区別された。
エ　平和が続いて社会が安定する中で、歌舞伎《かぶき》や浮世絵《うきよえ》などが人々に親しまれた。

(2) 下線部②について、この組織がつくられた目的について説明した次の文の空らんにあてはまることばを8～12字で答えなさい。

国際連合は（　　　　　　　　　　　　）ため、1945年につくられた。

(3) 会話文の空らん③にあてはまる数を答えなさい。ただし、小数第一位の数字を四捨五入して整数で答えなさい。

(4) 下線部④について、「奈良は日帰り客よりも宿泊客を増やすべきか」というテーマで話し合いを行うことになりました。あなたは「宿泊客を増やすべきだ」という意見を述べるために、その根きょとなる日帰り客と宿泊客についての資料を集めようと思います。どのようなことがわかる資料を集めるとよいか答えなさい。
また、その資料を使ってどのように意見を発表しますか。発表の内容を説明しなさい。

(5) 下線部⑤について、持続可能な社会を実現するということは、現在そして未来の人々の幸福を実現することだと言えます。あなたや身近な人の日常の行動で、持続可能な社会の実現につながると思うものを一つあげ、それがどのように持続可能な社会の実現につながるか説明しなさい。

本問題のねらい
・文章やグラフから，必要な情報や統計的データを読み取る力をみる。
・割合の理解や計算力等の，基礎的《きそてき》・基本的な力をみる。
・自分の考えを式や文章で的確に表現する力をみる。

1 　Ａ小学校では，「奈良市のおすすめ観光名所」についてアンケートを実施《じっし》しました。次のグラフは，観光名所ごとの回答者数とその割合を表したものですが，①～⑥の部分については，グラフや数値がぬけています。あとの各問いに答えなさい。

観光名所ごとの回答者数

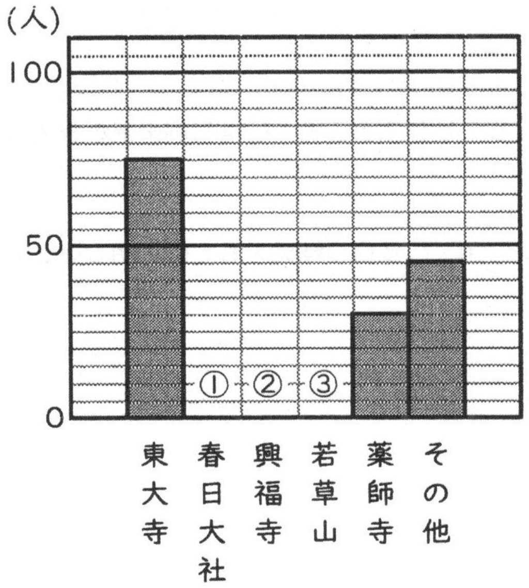

観光名所ごとの回答者数の割合

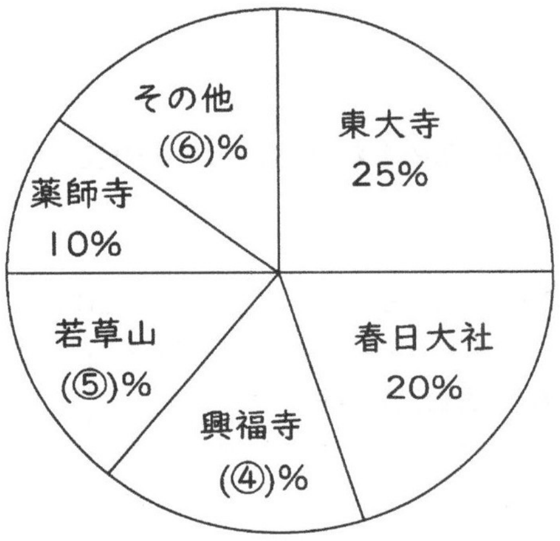

(1) 興福寺《こうふくじ》と回答した人数と若草山《わかくさやま》と回答した人数の比は，８：７ でした。興福寺と回答した人数と若草山と回答した人数をそれぞれ求めなさい。また，その求め方も説明しなさい。

(2) 「その他」の内容をまとめると次のようになりました。□にあてはまる数を求めなさい。また，その求め方も説明しなさい。

○「その他」にふくまれる観光名所は，唐招提寺《とうしょうだいじ》，平城宮跡《へいじょうきゅうせき》，ならまち，大安寺《だいあんじ》の４つ
○唐招提寺と回答した人数は６人
○「その他」の中で，平城宮跡と回答した人数の割合は６割
○「その他」の中で，ならまちと回答した人数の割合は 20%
○大安寺と回答した人数がいちばん少なく，その数はいちばん人数の多かった東大寺の□%

(3) Ｂ小学校でも同様のアンケートを実施したところ，次のようになりました。Ｂ小学校のアンケート結果を表すグラフについて適切なものを，ア～オから一つ選び，その記号を答えなさい。

Ｂ小学校では，60%の人が東大寺《とうだいじ》以外の観光名所を回答し，その中の 25%の人が春日大社《かすがたいしゃ》と回答した。

ア

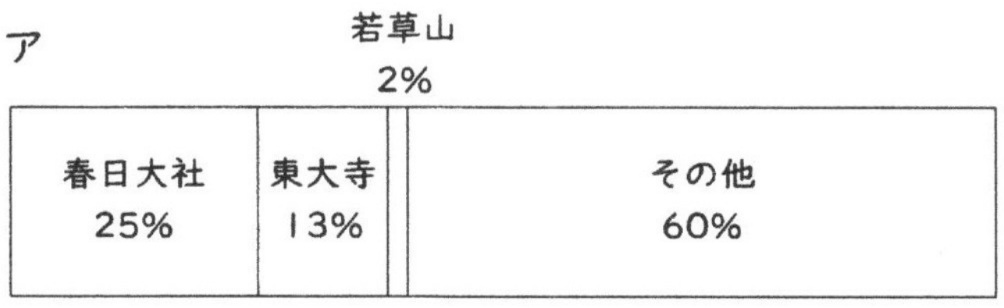

イ

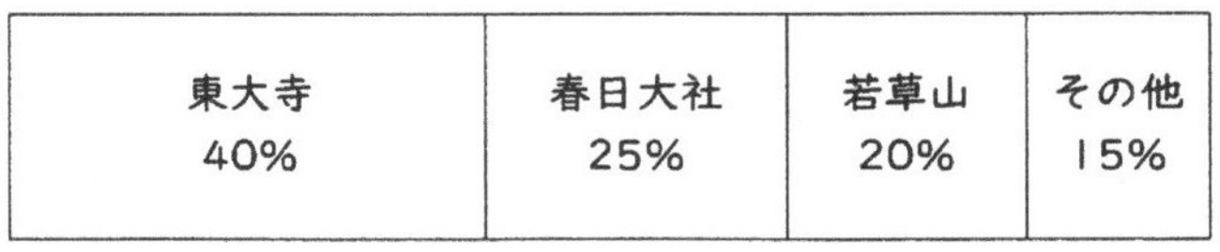

ウ

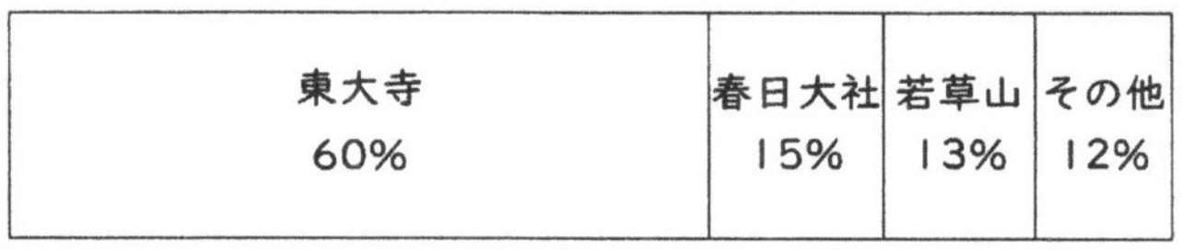

エ

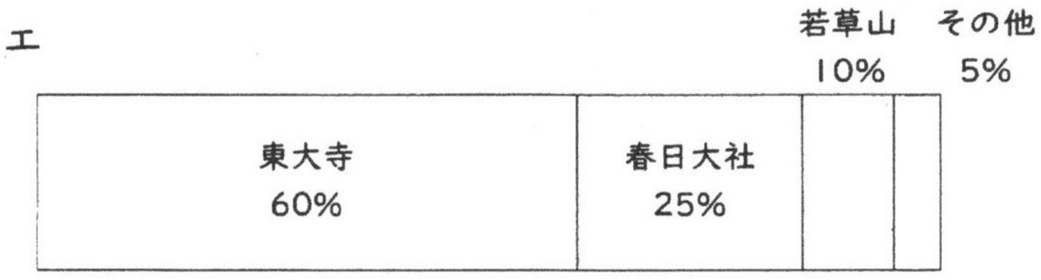

オ

本問題のねらい
・立体図形を空間的に把《は》握《あく》する力をみる。
・立体図形の体積の求め方を考察し，表現する力をみる。

2 右の図のような，底面が 1 辺 6cm の正方形で，側面（周りの面）が 4 つの合同な二等辺三角形となっている立体Aがあります。Aの高さは，4 つの二等辺三角形の頂点が集まる点から，底面に垂直にひいた直線の長さであり，その長さは 3cm です。

立体A

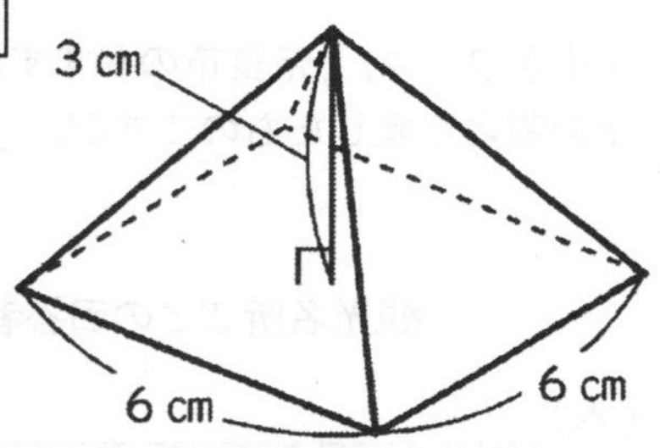

(1) A をすきまなく何個か組み合わせると，1 辺の長さが 6cm の立方体をつくることができます。A は何個必要か答えなさい。

(2) A の体積は，次の式で求めることができます。□にあてはまる分数の求め方について，(1)の結果をもとに説明しなさい。

(A の体積)＝(A の底面積)×(A の高さ)×□

本問題のねらい
・文章やグラフから，必要な情報を読み取り，自然の事物・現象との関連を説明する力をみる。
・既《き》習《しゅう》の内容や生活経験をもとに，自然の事物・現象の変化と関わる要因を論理的に考察する力をみる。

3　下のグラフ［1］とグラフ［2］は，気象庁の大気環《かん》境《きょう》観測所の観測データをもとに作成した，空気中の二酸化炭素の体積の割合の変化を表すグラフです。グラフ［1］は1987年から2019年における年平均の変化を表したもの，グラフ［2］は2017年から2019年における月平均の変化を表したものです。グラフ中の「ppm」という単位は，空気中の二酸化炭素の体積の割合を表す単位であり，数値が大きいほど割合が大きいことを示します。あとの各問いに答えなさい。

グラフ[1]

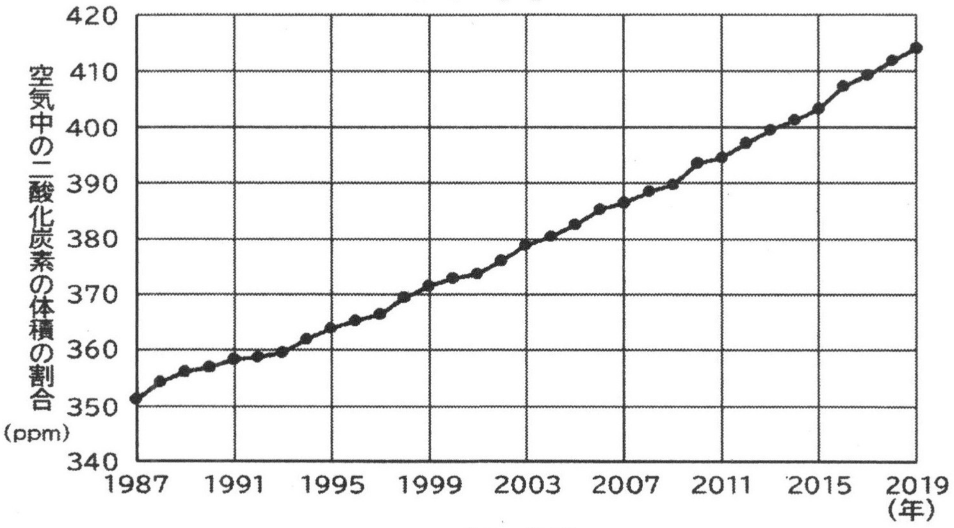

グラフ[2]

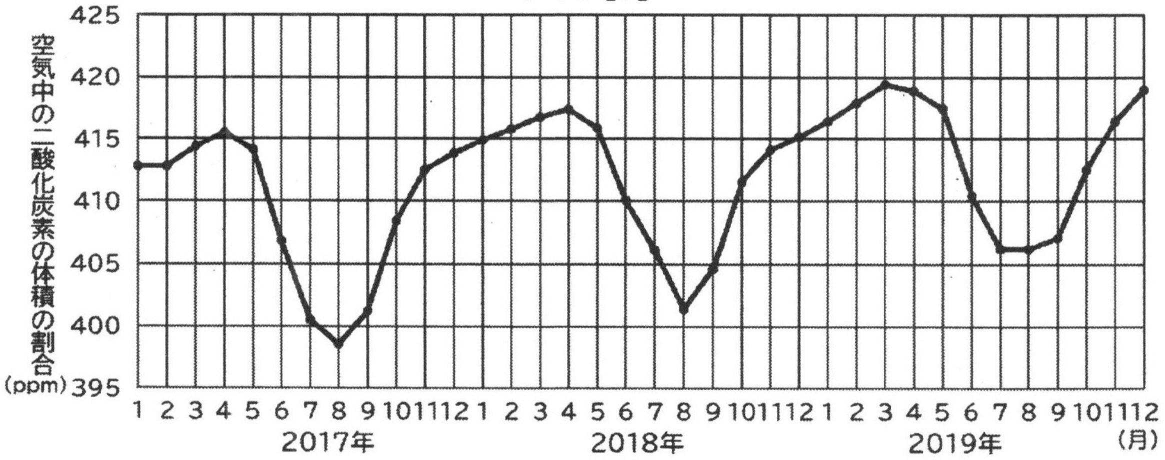

(1) グラフ［1］の変化が起こる主な原因の1つとして，世界的な化石燃料の利用量の増加があります。
　① 化石燃料の利用方法の説明として適切なものを，次のア～エからすべて選び，その記号を答えなさい。
　　ア　火力発電に利用している。
　　イ　プラスチックの主な原料に利用している。
　　ウ　紙の主な原料に利用している。
　　エ　自動車の燃料に利用している。
　② 化石燃料の利用量の増加が，なぜグラフ［1］の変化に影《えい》響《きょう》するのか，その理由について説明しなさい。

(2) グラフ［1］の変化が起こる主な原因として，世界的な森林面積の減少もあります。これが，なぜグラフ［1］の変化に影響するのか，その理由について説明しなさい。

(3) 次の文章は，グラフ［2］の変化がなぜ起こるのか説明したものです。（ ① ）（ ③ ）には適切な言葉を，（ ② ）（ ④ ）には適切な文章を書きなさい。ただし，文章には「葉の量」と「昼の時間」という言葉を用いなさい。
　5月ごろから8月ごろには，空気中の二酸化炭素の体積の割合は（ ① ）している。その理由は，
　（　　　　　　　　②　　　　　　　　）である。
　9月ごろから3月ごろには，空気中の二酸化炭素の体積の割合は（ ③ ）している。その理由は，
　（　　　　　　　　④　　　　　　　　）である。